金师起点·超级讲师精品书系

卓越口才 魅力演讲

史殿勇◎著

中国财富出版社

图书在版编目（CIP）数据

卓越口才　魅力演讲／史殿勇著．—北京：中国财富出版社，2015.1

（金师起点·超级讲师精品书系）

ISBN 978－7－5047－5232－1

Ⅰ.①卓…　Ⅱ.①史…　Ⅲ.①演讲—语言艺术—通俗读物　Ⅳ.①H019－49

中国版本图书馆 CIP 数据核字（2014）第 115048 号

策划编辑	刘天一	**责任印制**	何崇杭
责任编辑	张冬梅　宋宪玲	**责任校对**	梁　凡

出版发行	中国财富出版社		
社　　址	北京市丰台区南四环西路 188 号 5 区 20 楼	**邮政编码**	100070
电　　话	010－52227568（发行部）		010－52227588 转 307（总编室）
	010－68589540（读者服务部）		010－52227588 转 305（质检部）
网　　址	http：//www.cfpress.com.cn		
经　　销	新华书店		
印　　刷	北京京都六环印刷厂		
书　　号	ISBN 978－7－5047－5232－1/H·0121		
开　　本	710mm×1000mm　1/16	**版　　次**	2015 年1月第 1 版
印　　张	13.75	**印　　次**	2015 年1月第 1 次印刷
字　　数	166千字	**定　　价**	32.00元

序　言

演讲致富的秘密

对于演讲，各界人士的说法基本上是统一的，不一样的地方在于大家是通过不同角度来看待同样的一个问题。当然，即使是角度不同，它带给人们的影响都是一样受到肯定的，即应积极地看待这种技能。

演讲就是一个人站出来面对一群人，通过各种方式让他们接受演讲者的思想，愿意听他说话，明白和相信他所说的，愿意对他说出心里话，接受他的引导并有所行动。定义很简单，但是，真正能够做到谈话潇洒自如，或者让人如沐春风，或者澎湃激昂等令人非常受感染就不简单了。

这是一个魅力展现的时代！不要小看了一个“讲”字，演讲非常能显示一个人的魅力。演讲是一门语言艺术，它的主要形式是“讲”，即运用有声语言并追求言辞的表现力和声音的感染力；同时还要辅之以“演”，即运用面部表情、手势动作、身体姿态乃至一切可以理解的态势语言，使讲话“艺术化”起来，从而产生一种特殊的艺术魅力。

然而，并不是每个人都是演讲的高手，你是否有过这样的困惑：

私下聊天滔滔不绝，但一上台大脑就一片空白；

工作中干得多，说得少，结果会干的不如会说的得到的回报多；

汇报工作、向客户演示时不能很好地组织语言；

陷入了不敢说、不去说、不会说的郁闷中；

上台后不知先说什么，后说什么，把自己都搞乱了；

想提高口才，也曾看过书、听过课，可效果不大；

虽然敢说，但听众的反馈效果不好；

……

美国著名的演讲理论家、成人教育家戴尔·卡耐基有一句话是这样说的："一个人的成功大约有15%取决于知识和技术，85%取决于人类工程——发表自己意见的能力和激发他人热忱的能力。"这里所提到的"85%"的能力，其实就是指语言表达的能力，简单地说就是口才。

口才是人们生活中不容忽视的关键。虽然那些一说话就滔滔不绝、满嘴"跑火车"的人并不怎么受人们欢迎，但毫无疑问，只要人们之间有交往，口才的重要性就不容忽视。这从人们生活中的一件小事就可以看出：即便是最亲近的人之间，有时候也会因为一句话说得不到位而引起轩然大波。至于朋友之间、同事之间，甚至是初次见面的陌生人之间，因为一句话说得不到位而引起误会甚至矛盾的，更是不在少数。

口才好的人，朋友就会多。朋友多的人，做事就容易成功，因为有困难的时候，朋友会帮忙。所以我们会发现，现实生活中的成功者，普遍都有一副好口才。当然，好口才并不一定就是口吐莲花，能够把一件复杂烦琐的事情用最简单清晰的话说出来，让对方一听就懂，一听就感兴趣，这就是好口才。

对于那些想要获得人生成功的人来说，尤其需要重视口才的作用。因为无论你做什么，要想成功就必须与人打交道，哪怕你是闷头做研发的技术人员，甚至是纯粹的科研人员，最终在解说或者推广你的研发成果的时候，仍免不了要与人打交道。

对创业者来说，口才的重要性更是不言而喻。“三寸不烂之舌，长于百万之师。”在创业的过程中，对于如何说服投资方给你投资，如何说服员工卖力工作，如何在第一次见客户时就给对方留下深刻的印象，如何说服客户和你合作，口才都发挥着极其重要的作用。

从某种程度上可以说，在当今这个时代，“口才”就是“钱财”。

目录
CONTENT

第一章　演讲是每一个人最重要的技能 …… 1

第一节　成功的人都是善于演讲的人 …… 1

1. 名人口中的公众演讲 …… 2

2. 你知道什么是公众演讲 …… 3

第二节　为什么大多数人不会演讲 …… 4

1. 心理紧张 …… 4

2. 语言乏力 …… 4

3. 表达单一 …… 5

4. 思路不清 …… 5

5. 材料不全 …… 6

6. 拙于修辞 …… 6

第三节　现实的困惑:会干的不如会说的 …… 6

1. 公众演讲改变了很多人的命运 …… 6

2. 公众演讲可以倍增收入 …… 9

3. 公众演讲是出人头地的捷径 …… 10

第四节　当众演讲的学习策略与方法 …… 11

1. 一个原则：坚持 …… 11

2. 两大模块：心理素质、演讲内容 …… 12

3. 三个步骤：背稿、半脱稿、全脱稿 …… 14

4. 四种方法：看书、看碟、听讲座、参加演讲特训班 …… 15
第二章 成功的演讲始于充分的准备 …… 18
第一节 良好的精神状态 …… 18
1. 上台前的自信 …… 19
2. 保持热情 …… 20
3. 言行一致 …… 21
第二节 心理上的充分准备 …… 23
1. 心理暗示的意义 …… 24
2. 心理暗示的学习态度确认 …… 26
3. 心理暗示的学习宣誓 …… 27
第三节 控制紧张，闪亮登场 …… 28
1. 认识紧张情绪 …… 28
2. 紧张产生的原因 …… 30
3. 克服紧张训练 …… 34
第三章 演讲的基本功训练 …… 39
第一节 逻辑思维训练 …… 39
1. 预热头脑 …… 39
2. 有话可说的四种思维方式 …… 44
3. 快语语智训练法 …… 46
第二节 语音训练 …… 48
1. 呼吸的方法 …… 49
2. 发音技巧 …… 50
3. 节奏 …… 51

4. 变声传神 …………………………………………………… 54
第三节　态势语训练 ………………………………………………… 56
1. 眼神的训练 …………………………………………………… 59
2. 手势的训练 …………………………………………………… 60
3. 态势语的原则 …………………………………………………… 65
第四节　演讲基本功：口语表达训练 ……………………………… 65
1. 发声训练：力度、响度、共鸣 ………………………………… 66
2. 正音训练：方音辨正、绕口令、活舌操 ……………………… 68
3. 朗读式训练法 …………………………………………………… 72
4. 梯级陈述训练法 …………………………………………………… 74
第四章　演讲口才技巧训练 ………………………………………… 75
第一节　口才练习八法 ……………………………………………… 75
1. 速读法 …………………………………………………… 75
2. 背诵法 …………………………………………………… 76
3. 练声法 …………………………………………………… 76
4. 复述法 …………………………………………………… 77
5. 模仿法 …………………………………………………… 77
6. 描述法 …………………………………………………… 78
7. 角色扮演法 …………………………………………………… 79
8. 讲故事法 …………………………………………………… 79
第二节　你真的把话讲清楚了吗 …………………………………… 81
1. 演讲时要用短句 …………………………………………………… 81
2. 一次只说一件事 …………………………………………………… 82

3. 语言不好没关系，但要讲得真实 …… 83
4. 多用定义，少用推理 …… 84
第三节 完美的口才离不开互动 …… 85
1. 不要一个人唱独角戏 …… 85
2. 问得好，才能答得好 …… 87
3. 讲话内容要随着听众调整 …… 91
第四节 要想会说先要会听 …… 93
1. 最会说的人，也是最会“倾听”的人 …… 93
2. 善于倾听的三种方法 …… 96
3. 专注聆听，让对方向你敞开心扉 …… 97
4. 给听众留出想象的空间 …… 101
第五节 打造你的魅力口才 …… 105
1. 口才只是形式，人更在意真诚 …… 105
2. 内向者也能练出好口才 …… 107
3. 关联效应 …… 109
4. 懂得分享 …… 110
5. 一切都是练出来的 …… 119
第五章 演讲内容的组织与准备 …… 122
第一节 演讲主题与演讲稿的设计 …… 122
1. 根据听众需求来设计演讲稿 …… 122
2. 演讲主题要明确 …… 123
3. 演讲标题要有吸引力 …… 123
4. 题目要“新”，题材要“精” …… 125

第二节　演讲稿的谋篇布局 …………………………… 126
1. 开头：百花齐放、因人制宜 …………………… 126
2. 结尾：可长可短、力避拖沓 …………………… 127
3. 写稿：盘点自身、列表取舍 …………………… 127
4. 提高文采：处处留心、咀嚼背诵 ……………… 128
第三节　如何组织一次演讲 …………………………… 128
1. 明确目的 ……………………………………… 129
2. 确定内容与方式 ……………………………… 129
3. 确定时间与地点 ……………………………… 129
4. 组织听众 ……………………………………… 129
5. 讲台布置 ……………………………………… 129
6. 选定主持人 …………………………………… 130
7. 演讲评判，回顾总结 ………………………… 130
第六章　提升演讲内容价值和说服力 ………………… 131
第一节　塑造内容的价值 ……………………………… 131
1. 上台演讲，与听众建立信赖感 ……………… 131
2. 塑造人物形象 ………………………………… 134
3. 塑造内容价值 ………………………………… 135
第二节　主持人的口才艺术 …………………………… 136
1. 主持人如何做开场介绍 ……………………… 137
2. 主持人的语言特点 …………………………… 137
3. 主持人的语言技巧 …………………………… 138
第三节　没人喜欢说教，但却喜欢听故事 …………… 139

1. 口才的最高境界是幽默 …… 140
2. 讲故事、说笑话培养你的幽默感 …… 144
3. 讲故事、说笑话的技巧 …… 148
第四节　如何让听众信服 …… 148
1. 找出听众的问题、需求和渴望 …… 149
2. 回答听众最关心的五个问题 …… 150
3. 因势利导，激发共鸣 …… 152
4. 描绘未来而不是谈论现在 …… 153
第五节　利用展示品来辅助演讲 …… 155
1. 借助展示品提升演讲说服力 …… 155
2. 运用展示品的五个关键 …… 156
第七章　当众演讲与沟通场景 …… 158
第一节　酒宴致辞 …… 158
1. 开业致辞：简短、热烈 …… 158
2. 剪彩仪式：发言庆祝、喜庆 …… 159
3. 签字仪式：表决心、展望未来 …… 161
4. 答谢仪式：表示衷心感谢 …… 162
第二节　欢迎与欢送 …… 163
1. 致欢迎词 …… 163
2. 致欢送词 …… 165
第三节　竞职演讲 …… 166
1. 对自己条件的介绍 …… 166
2. 对自己能力的介绍 …… 167

3. 对未来工作的预想 …… 168
第四节　汇报演讲 …… 171
1. 目标明确 …… 172
2. 能简能详 …… 172
3. 条理清楚 …… 172
4. 多种形态 …… 172
5. 数据准确 …… 173
第五节　说服性沟通 …… 174
1. 与客户沟通 …… 174
2. 与下属面对面的沟通 …… 174
3. 动员号召时的沟通 …… 175
第六节　主持会议时的演讲工作 …… 175
1. 参加新闻发布会的特殊要求 …… 175
2. 有效应对会议场上的特殊事件 …… 176
3. 魅力回答：如何答记者问 …… 178
第七节　即兴演讲 …… 179
1. 即兴演讲如何选择合适话题 …… 180
2. 即兴演讲的技巧训练 …… 181
3. 电台、电视台脱口秀 …… 182
第八章　职场口才与沟通技巧 …… 188
第一节　“电话如面谈”，注意职场电话沟通方式 …… 188
1. 打电话的口才技巧 …… 190
2. 接电话的口才技巧 …… 191

第二节　练好面试口才，告别职场“滞销” …………………… 192
1. 练好口才，做好自我介绍 …………………………………… 195
2. 好口才，远离职场“滞销” ………………………………… 197
第三节　职场沟通的口才艺术 ……………………………………… 200
1. 与领导沟通的口才艺术 ……………………………………… 200
2. 与下属沟通的口才艺术 ……………………………………… 203

第一章

演讲是每一个人最重要的技能

第一节　成功的人都是善于演讲的人

古今中外的各界人物都是演讲的高手。马丁路德·金、林肯、里根、丘吉尔、奥巴马、俞敏洪、史玉柱、严介和、牛根生、马云，都是此中高手。

他们当中不乏政界领袖、企业领袖等各界名人。他们演讲表达思想观念的力量一直影响着今天人们的生活和工作。随着经济的发展，国内外的演讲领域都得到了充分的肯定。

虽然我国大多数高校还没有开设演讲口才这门专业课程，但很多部门和单位都已开展了演讲方面的培训。例如单位的领导竞聘、相关的演讲比赛等，都在无形中让更多的人意识到演讲的重要性并调动了他们学习演讲的积极性。

陈小姐刚进公司不久，就碰到人力资源部组织新员工参加演讲比赛，演讲的主题是“如何成为一名优秀员工”，但她没有勇气去参赛。后来陈小姐发现，这次比赛的获奖者最后都成了公司的重点培养对象，在以后的日子里，个个升职加薪。

几年后，由于陈小姐的工作表现得到了部门领导的欣赏和肯定，当人力资源部有新岗位首先考虑内部招聘时，上司就推荐了陈小姐。竞聘中，笔试这一关，陈小姐的成绩很优异，但在竞选演讲这一关，陈小姐却表现得很差劲，手中拿着一篇稿子在读，还读得面红耳赤，结果可想而知了。

事后，上司对陈小姐说："平时你挺会说的嘛，怎么在台上讲话时，就变成另一个人了呢?"

这件事给陈小姐的打击可不小，从这以后，她就开始报名参加培训。最终，陈小姐无论是台上还是台下都表现得很精彩，职位很快就得到了提升。

所以说，当众演讲这一技能才是职场人士晋升必备的条件之一。不仅仅是在职场中，在工作和生活的方方面面，演讲对于每一个人都非常重要。有些人在台下说得挺好的，在台上就不行了；而那些在台上说得头头是道的人，在台下也同样出彩。

1. 名人口中的公众演讲

中国近代女革命家秋瑾曾经说："要想改变人的思想和观念，非演讲不可。"

中国古文化《周易·系辞上》："鼓天下之动者，存乎辞。"也就是说，推动社会进步和国家前进，都需要依靠演说的力量。

诸葛亮舌战群儒，靠的也是演说的力量！

美国总统尼克松曾经说：“如果重进大学，我会首先学好演讲和说服这两门课！”

对于演讲，各界人士的说法基本上是统一的。不一样的地方在于大家是通过不同角度来看待同样的一个问题。当然，即使是角度不同，他们带给人们的影响都是一样的，即应积极地看待这种技能。

演讲如此重要，那么到底什么是公众演讲呢？

2. 你知道什么是公众演讲

公众演讲就是一个人站出来面对一群人，怎样做能够让他们接受他、愿意听他说话、明白和相信他所说的、愿意对他说出心里话和接受他的引导而有所行动。定义很简单，但是，真正能够做到谈话潇洒自如，或者让人如沐春风，或者澎湃激昂、非常受感染的就不简单了。

这是一个魅力展现的时代！不要小看了一个“讲”字，公众演讲非常能显示一个人的魅力。演讲是一门语言艺术，它的主要形式是“讲”，即运用有声语言并追求言辞的表现力和声音的感染力，同时还要辅之以“演”，即运用面部表情、手势动作、身体姿态乃至一切可以使人理解的态势语言，使讲话“艺术化”起来，从而产生一种特殊的艺术魅力。

随着社会的发展，演讲被越来越多的人认可和接受，并被广泛用于各个领域，从而产生了深远的影响。对此，我深有体会。演讲不仅改变了我性格的缺陷，更让我的收入呈几何倍数增长。

第二节　为什么大多数人不会演讲

据说曾经有观众“夸”某演讲者说：“你的演讲太‘gǎn’人了，不过，不是感动了别人，而是‘赶’跑了别人。”为什么有些人的当众演讲就没有杀伤力呢？原因归纳为如下几种情况。

1. 心理紧张

一种情况是演讲者自己心理素质太差，一站起来说话就两腿哆嗦，紧张得不得了，不但丑态百出，甚至言不由衷。

曾经有某位大领导在公众面前即兴演讲时，由于太怯场，大脑一时短路，竟然如此“谦虚”地说：“大家好！本人文化水平不高，口才不好，说话有时像羊拉屎，可能不符合大家的口味，希望大家多多原谅。”

在整个演讲中，他对听众的呼声充耳不闻，对听众的反应视而不见，只管讲他自己的。结果，台上的人“喜气洋洋”，台下的人“怒气冲冲”，整个场面“死气沉沉”。

另一种情况是演讲者的自卑心理在作怪，他们总是低估自己的能力，觉得自己各方面都不如人，久而久之，这种心理就会在无形中给演讲者设下一道难以逾越的障碍。

2. 语言乏力

例如语调过于平直，没有抑扬顿挫，吊不了听众的胃口；语速没有快慢，听众也不会怦然心跳；声音偏小，演讲缺少震撼力和穿透力，这也难怪有名家说，演讲缺少了激情和抒情，再好的内容都是花瓶；更有甚者，在演讲中还带大量的口头禅“这个嘛”、“那个啊”，让听众非常厌烦。

另外，也有演讲者由于紧张，说话老是卡壳，让听众替他难受；也有演讲者把普通话说成“不通话”，让听众练听力；等等。

3. 表达单一

态势语言包括穿着、身姿、手势、表情、眼神等。曾有演讲者说过，个人形象很重要，“头可断，发型不能乱；血可流，皮鞋要擦油”。

诚然，穿着打扮固然重要，但是，手势和表情更加重要。一个演讲者在台上，如果面无表情、动作呆板、手臂僵硬的话，那就失去“演”的意义了。所以想达到台上振臂一呼，台下云集响应的效果，优雅的态势语言从中起了不少的作用。

4. 思路不清

为什么有些人在台下说得头头是道，在台上刚说几句就说不下去了呢？归根结底这是思路的原因。因为台下是“合唱”，你一句我一句抢着说，无须过多思索。而台上是“独唱”，需要引言来打开话题，需要纵深思维来分析话题，还需要联想思维来升华话题，更需要综合思维来总结话题。

于是不经常上台讲话的人就容易出现说不下去，或老是重复几句话，或条理性很差，或讲得没头没尾等情况。但如果是演讲高手的话，其思维非常活跃，越讲越起劲，可谓是“条条大路通罗马”。

5. 材料不全

如果所讲内容是演讲者亲身经历的，或者是演讲者的专长，那么，演讲起来肯定会得心应手。但演讲者倘若去讲刚看到的东西、刚学到的知识，甚至是不熟悉的话题，那么演讲效果就会大打折扣了。

所以说，初学演讲的人，要先从熟悉的话题开始。当然，顶级演讲家会读万卷书，行千里路，不断拓展自己的视野，不断学习新知识，以充实自己的“演讲材料库”。

6. 拙于修辞

为什么很多人不会演讲呢？其中有一个重要的原因就是不善于修辞，也是我们常说的拙于修辞。不可否认，修辞与演讲就有着密不可分的关系，演讲离不开修辞，修辞也借着演讲越发完善。演讲作为一种口头上的文体，包含了比喻、设问、夸张、拟人等多种修辞格。拙于修辞的演讲是空洞的、乏味的、让听者昏昏欲睡的。而相反的，有了修辞的修饰，演讲不仅会给听者留下深刻的印象，也给听者一种美的享受。

第三节　现实的困惑：会干的不如会说的

1. 公众演讲改变了很多人的命运

如何改变自己的现状，改变自己的性格，使自己能说会道？这就需要学习当众演讲。公众演讲的影响力不言而喻，它改变了很多人的命运。下面举一个例子。

1969年8月14日，约翰·库提斯出生于澳大利亚。他天生双腿残废，10岁那年被一群同班的小学生绑起来扔进点燃的垃圾桶，差点送命，后来幸而被一位女老师发现并冒死救了出来。17岁那年，因同学用小刀将毫无知觉的腿切得血肉模糊，伤口感染，被迫切去下半身，他成了“半个人”。周围有不少小孩骂他是“怪物”，更有一些同学恶作剧，在他的课桌周围撒满图钉。

生活中的遭遇曾让他一度想自杀，后被父母劝阻。中学毕业后他决定给自己找个工作。他趴在滑板上，敲开一家又一家店门，问店主是否愿意雇用他。店主打开店门，没有发现几乎趴在地上的约翰，就又把门关上了。

无数次被拒绝之后，他被一位杂货铺老板收留，后来又做过销售员、技术工人。约翰不仅要做正常人能做的工作，而且他要做正常人都难做到的事。他是澳大利亚残疾人网球冠军、澳大利亚板球队荣誉队员。他一直坚持不用轮椅，而用“手”走路。他考取了驾照……

约翰时刻忍受着侮辱，每当约翰戴着太阳眼镜和运动头盔出现在赛场上时，小孩子们总会喊起来：“看哪，来了一个会走路的头盔！”

一次偶然的演讲改变了约翰的一生。

在一次午餐会上，约翰应邀对自己的经历作简短的演讲。约翰的一生似乎都在与恐惧、孤独、侮辱、折磨、病痛甚至死亡抗争。他的经历和现状让现场观众热泪盈眶，他也因此赢得了热烈的掌声。

演讲完之后，一个年轻女子跑到台上，哭着告诉约翰，她非常不幸，正准备自杀，身上还带着手枪，听了他的演讲后，她觉得自己应该好好地活下去。

约翰独自一个人来到海边，坐在沙滩上，望着汹涌澎湃的大海，他一会儿颤抖，一会儿哭泣。回想起午餐会上热烈的掌声，他开始生平第一次大声笑出来。因为在他的一生中，第一次有人如此关切他的讲话，并且报以最真诚的掌声。

这时，约翰忽然清楚地发现，到讲台上去，讲出自己经历的恐惧和忧伤，讲出自己的挣扎和拼搏，给他人以启迪，真是一件非常重要的事情。

他的事迹在世界范围内广为流传，他曾经来到北京做演讲，被中国人所熟知并为之感动。约翰用自己的亲身经历，激励和影响了数以百万计的人。他现在是世界上公认的国际激励演讲师。

约翰说："无论你认为自己多么的不幸，在这个世界上永远有比你更不幸的人。无论你认为自己多么的成功，在这个世界上永远有比你更强大的人。""每一天都会成为你生命中最美好的一天，我想跟你说的是，如果我都可以做到，或者说如果我们都可以做到，为什么你不可以呢？如果我可以做到，那么你也可以做到！你也可以做到！你也可以！一切都有可能，永远都不要说不可能。""我一定要把最勇敢的一面呈现给观众！"约翰告诉自己。

他形容自己"每一天都是一场战斗"：他刚生下来时，医生对他的父母断言他活不过一周；过了一周，医生又说他活不过一个月；过了一个月，医生又说他活不过一年；然而父母并没有放弃，只是更加悉心地照料他。回想往事，约翰说："这个世界充满了伤痛和苦难。有的人在烦恼，有的人在哭泣。面对命运，人应该拥抱痛苦，笑对人生，而不只是与之苦斗。任何苦难都必须勇敢面对，如果赢了，则赢了；如果输了，就是输了。请记住：别对自己说不可能！Nothing is impossible！（一切皆有可能！）"

这是一个真实的故事，这也引发我们对于说话以及演讲在现实生活中意义的深度思索。在职场上，我们经常听到这样的话："会干不如会说。"确实这样，在很多时候一场深刻的演讲可能让你在职场脱颖而出，甚至改变自己的未来。

2. 公众演讲可以倍增收入

在经济生活中，很多人喜欢用经济收入来作为指标。对于演讲，很多人可能会直接地问，演讲能否直接增加自己的经济收入？回答是肯定的。

不管你从事哪个职业，演讲口才的能力很大程度上决定你口袋的富裕度。善于公众演讲的人，往往善得人心，朋友多的人社会影响力大，他们做事也相对容易成功，因为有困难的时候朋友会帮忙。所以我们会发现，现实生活中的成功者普遍都是演讲高手。

对于那些想要获得人生成功的人来说，尤其需要重视演讲的作用。因为无论你做什么，要想成功就必须与人打交道，哪怕你是闷头做研发的技术人员，甚至是纯粹的科研人员，最终在解说或者推广你的研发成果的时候，仍免不了做汇报，而做汇报就是与人打交道。

对创业者来说，演讲的重要性更是不言而喻。“三寸不烂之舌，长于百万之师。”在创业的过程中，对于如何通过演讲说服投资方给你投资，如何说服员工卖力工作，如何在第一次见客户时就给对方留下深刻的印象，如何说服客户与你合作，演讲都发挥着极其重要的作用。

在某种程度上可以说，在当今这个时代，演讲的好口才就是“钱财”。

3. 公众演讲是出人头地的捷径

接下来，跟大家再分享一个因演讲而出人头地的故事。他就是世界潜能激励大师——安东尼·罗宾。21 岁时，他还穷困潦倒，22 岁时，他就搬进三层楼的城堡，成为当时的百万富翁，甚至是出门就坐直升机。是什么改变了他呢？是演讲改变了他的一生。据说，克林顿、戴安娜王妃都是他的学生。

其实说了这么多，概括起来就一句话：公众演讲是出人头地的捷径。如果你一无所有，想创业又没资金、人脉，那你可以学公众演讲。如果你现在是一名成功的企业家，你同样需要学好公众演讲。为什么呢？因为它可以让你获得更大的成功。

在本书，我将和大家分享如何成为一个超级演讲高手，如何进行一对多的沟通，如何在众人面前流利地发表讲话，等等。对于这样的内容，不知大家有没有兴趣？我想大多数人都会有兴趣的，因为这是利用杠杆原理，花最小的力气取得最大的回报。

如果你一对一与人沟通，且百分之百地成功，那你一次只能影响一个人。如果你学会了一对多与人沟通，以一次一百个人为例，成功率为50%，那你一次就可以影响50个人。这个是一对一沟通的50倍。也就是说，一对一的沟通，在保证100%成功的情况下，你一次只能影响一个人；而一对多的沟通，即便只有50%的成功概率，你一次就可以影响50个人。

通过这样的比较，你觉得哪种方式能让成功来得更快些呢？显然是一对多的沟通，公众演讲就是一对多的沟通，它是你出人头地的捷径，它可以让你更早地获得成功。那么你愿不愿意学好这门艺术呢？我想应该没有人会拒绝这样一种轻松致富的方式。

第四节　当众演讲的学习策略与方法

当众演讲对于每一个人都非常重要，那么我们能不能在短时间内快速提升这一技能呢？也就是说，针对自己的实际情况，应该如何训练，才能科学和高效地提升演讲能力？

我认为，学习当众演讲的策略应遵循一个原则，两大模块，三个步骤，四种方法。

1. 一个原则：坚持

这个道理我相信大家都懂，因为做任何事情都是如此，成功的

起点叫相信，成功的终点叫坚持。俗话不也经常说“台上三分钟，台下十年功”吗？这句俗话就是“坚持原则”的最好证明。

2. 两大模块：心理素质、演讲内容

心理素质训练通常要经过以下三关。

第一关是勇敢地说。当众演讲的时候，你必须落落大方地站在公众的面前，在大家火辣辣眼睛的“关怀”下，鼓起勇气，说出你心中想说的话。为什么有些人在台下时候，可以心平气和地跟别人聊天，甚至眉飞色舞地跟别人交谈，而在台上却胆小如鼠了呢？

归根结底，这都是心理素质的问题。其实，突破恐惧关不是很难。只要深刻理解恐惧的形成原因，并为之付诸行动，经过十来次上台演练后，你就敢说了。在这一关，你必须不断鼓励自己，如果连站出来说话都不敢，那么这个演讲肯定是失败了。

第二关是自信地说。这个时候，你站在大家的面前，已经不再紧张了。但这时的你，也许还有某些顾虑，只能说几句话，不能说很多，并且说起来有卡壳、啰唆、逻辑很混乱的现象。不过，这些你先不管，你要“目中无人”地说出你的观点，不管怎样，也要把心中想说的话，毫无保留地说出来。

在这一关，你必须不断表现自己，培养自己的表现欲。因为演讲不但培养当众表达能力，更重要的是培养你的自信心，挖掘你的潜能。

第三关是有分享欲地说。也就是说，你必须拿出自己最好的东西来跟大家分享。例如：有一位摩托罗拉的中国大区经理，在给新

业务员做演讲时，他的开场白是这样的："各位伙伴：大家下午好！八年前，我跟在座的各位一样，也是从一名普通的业务员开始我的职业生涯的，经过几年的锻炼后，现在我已是一名年薪100万元的大区经理。今天，我跟大家分享的话题就是：如何从一名新业务员成为一名成功的大区经理。希望我今天的演讲能起到抛砖引玉的作用，也相信在座的各位，八年后，比我更加优秀。"

在这一关，你必须懂得：一场成功的演讲，除了自己的心理素质特别好、有超常的表现欲之外，你还必须懂得听众的心理。听众究竟想听什么很重要，你自己想说什么并不重要。

就像前文所提到那位摩托罗拉的市场部经理，从他的开场白就可以看出，这个中国大区经理已经很懂得听众的心理了，就算你是现场的听众，也不会反感他"炫耀"自己的辉煌经历，因为他是以听众为中心的，他最精彩的一句话是祝福在座的听众八年后比他更加优秀，大家都知道没有听众会拒绝祝福话的。

另外，在这一关，你还必须明白，演讲的最高境界是"点燃自己，引爆别人"。在演讲过程中，听众是冷却的冰，演讲者是烧红的铁，不是铁让冰沸腾，就是冰让铁冷却。所以，演讲者不但要给予听众，更重要的是感染听众。

演讲内容训练也要经过三关：首先从熟悉的事物开始，比如，自己的专业知识、自己的生活体会和工作经验等。其次，再到大家关心、喜欢讨论的话题。比如，社会焦点、热点话题等。最后是自己不太专业的领域，需要备课才能胜任的话题。比如，价值观、信仰、自由、民主、科学、革命等话题。

3. 三个步骤：背稿、半脱稿、全脱稿

学习演讲最好是从背稿开始，特别是初学者尤甚。因为先将一篇演讲稿背得滚瓜烂熟后，再上台去“复述”，这样就会减轻演讲者的紧张感。我曾经看到很多演讲者上台后，由于演讲内容还没背熟，加上心理紧张，导致了演讲失败，最终草草收场。

所以说，演讲前，在内容上要做充分准备。假如没有经过精心酝酿，到了临场才现编词，效果就可想而知了。曾经有这么一个小故事：

古时候，曾经有某位秀才三次到省城赶考，都没考中举人。他的老婆对此非常不解，责怪他说：“难道你们男人写文章有我们女人生孩子那么难吗？真是的。”

这位秀才叹了口气才回答：“老婆啊，你根本不知道，你们女人能够生孩子，是因为你们肚子里有货！现在我呢？肚子里没货。所以，还没考上。”

这段逸事间接地告诉我们，演讲内容对演讲者来说太重要了。

背稿子这种方法尽管可靠，但是不可能运用于所有的演讲中，有时候，我们还会碰到即兴演讲。所以，我们的演讲学习又进入第二个环节：半脱稿。

所谓的半脱稿，就是演讲稿已经事先写好了，但这次不用再死记硬背它，只要记住其中重要的内容、大纲的顺序、具体的数字就行了。上台后，凭着自己的记忆，现场发挥。

值得一提的是，在这个阶段，尽管自己肚子里已经有“货”了，但有时还会出现茶壶里煮水饺——倒不出来的现象，比如，思维短路、卡壳、大脑暂时一片空白等。不过，训练一段时间后，这种情况就逐渐变少了。

演讲学习的最后一个环节是全脱稿。所谓的全脱稿，就是在演讲前，演讲者根本不做任何准备或者没有做充分的准备，只是根据自己对演讲主题的理解，结合自己的演讲经验，就上台演讲了。

全脱稿是演讲的最高境界。某位演讲大师曾经说过：“演讲还需要写稿，那还不算好。”可见全脱稿演讲在演讲家心目中的分量。当然，全脱稿演讲是多年训练的结果。曾经有初学演讲者向某位演讲大师请教：“你在演讲中，思路很活跃，可以说是‘条条大路通罗马’，你是怎么做到的呢？”大师回答：“因为‘罗马不是一天建成的’。”

4. 四种方法：看书、看碟、听讲座、参加演讲特训班

不可否认，看书是最常用的方法。它的优点非常显著，比如知识点系统，费用低，不受时间的限制，等等。但是它的缺点也非常突出，就像语音语调、态势语言，很难通过文字这种方式描述出来。并且这种方法对于那些都不敢上台的初学者来说，效果很不理想。

为什么这么说呢？因为演讲本身就是一种能力，一种经过长期的实践才能获得的能力。而看书，所获得的仅仅是知识，知识还需要实践才能转化为能力。这个道理跟学习游泳一样，对于一个从没

下过水的人来说，你给他讲太多的理论，如浮力、体重、体积等，基本上都是废话，只要让他亲自跳进水里，扑腾几下，呛几口水，自然而然就会游泳了。

所以，对于初学者来说，提高演讲技能的手段，第一是实践，第二是实践，第三还是实践。当然，对于已经有一定基础的演讲者来说，看书这种方法还是最佳的选择。

看碟，这种方法的优点是：非常直观，能观看到演讲者的风采，能感受到演讲者的感染力，成本也比较低。但是，它也有一些不足之处：比如观看者体会不到现场互动的那种气氛，学习情绪不高；相比起书本，它的知识结构系统性不强；另外，观看者是被动接受，没有思想上的碰撞，吸收不全面。当然，对于有一定演讲基础者来说，这还是一种非常好的学习方法。

听讲座，这种方法的优点是更加直观，能现场体验到授课者的舞台魅力，有时候，优秀的讲师还会非常煽情，通过调动整个培训气氛，让现场听众兴奋不已，有股准备上街“呐喊”的冲动。

但是，这类讲座多半还是靠气氛取胜的，听众听得激动，当场冲动，回家就不动了。所以，作为现场几百位听众之一的你，上台机会不多。没有足够的时间去实战，学习效果还是欠佳。当然，相比起前面两种学习方法，它还是最好的选择，不过学习费用也相对较高。

最后一种方法是参加演讲特训班。这种方法的不足之处是：费用高，还受到时间和空间的限制，对于职场人士来说，不一定都能抽出这么多的时间来训练。但是这种方法，它的训练是最系统的，效果也是最明显的。它分为三部分：课前预热训练，让学员有上台的冲动；课中导师以示范为主，学生认真观摩，然后再模仿，如果学员有不足之处，导师现场纠正；课后学员还有训练任务，以便巩固当天的学习效果。另外，这种特训班是小班制，总人数在 12 ~ 15 人，每人都有足够的上台锻炼时间。

第二章

成功的演讲始于充分的准备

第一节　良好的精神状态

公众演讲与口才一般简称为演讲。从广义上来说，只要开口讲话就可以看作演讲，因此演讲活动存在于生活的方方面面，每时每刻都需要运用大量的演讲技巧来说服别人。在所有这些工作之前，首先需要一个良好的精神状态。

俗语常说，天有三宝：日、月、星，人有三宝：精、气、神。精神状态的好坏，对人的所有行为都会产生相当大的影响。

当人们相互问好的时候，给对方大声的问好要比轻声问好取得的效果更好，这样更容易让彼此精神振奋，似乎成功的信息就写在脸上，这些信息都能随着语言和表情体现出来，更能激励人们的行为朝着成功迈进，这大概就是“相由心生”的道理。

懂得了这样的道理，就能以百倍的信心开始演讲与口才的训练，也才能取得更快、更好的结果。

1. 上台前的自信

自信是每个人走向成功的助力器。自信自己一定能够成功的人，离成功也就又近了一步。当然，仅仅只是对自己有信心还不够，你必须同时将信心传递给他人，用自己的自信感染他人。只有让所有人都能感受到你的自信，受到你的自信心的感染、鼓舞，你才能更好、更快地获得成功。

如果不能把自信的能量传递给他人，而只是个人的自信，那么在他人看来，你就不是自信，而是自傲。事实上，很多人都会犯这样的错误。他们面对任何挑战都自信满满，永远不言放弃。他们认为自己的这种表现是自信的表现，殊不知在别人看来，他们固然自信，但同时未尝没有自傲的成分在内。

其实，真正的自信应该是让所有人都感受到你的积极向上，从而带动所有人的工作热情。那么，在演讲时，如何进行信心的传递呢？当一个人充满信心，充满热情，那么他这份信心和热情也会感染他人，最终让人被其说服。

接下来我就讲讲在演讲前如何培养信心。以我个人的亲身经历为例，最简单一个方法就是，每次演讲前，我会在大脑里问自己正确的问题。所谓在大脑里问自己正确的问题，就是自我沟通、自我说服。通常，我会问自己两个问题。

第一个问题：我为什么要演讲？这个问题你可以换成，为什么我要当演讲家？或我为什么要上台演讲？

这个问题的答案因人而异，而我演讲的理由非常简单：一个人的成就85%靠人际沟通，在我年轻的时候，演讲就改善了我的沟通技巧，让我变得富有了，所以我演讲。

演讲让我出人头地，还改变我的命运，所以我要将其公之于众。

演讲让我月收入超过百万元，我要将这些方法和经验拿出来和大家分享。

……

就是这种种理由驱使我充满信心和激情地演讲下去。总之，演讲前我不断暗示自己，演讲是为他人造福的事。我不在意有没有人在听，有没有人会批评，有没有人给我掌声，我只想把最好的东西奉献给大家。每当我这样想，我就会信心满满地站在演讲台上，从容地开讲。

第二个问题：为什么我的演讲一定对听众有帮助？

多年来，我的学生从月收入几百元变成上百万元的大有人在，也有些企业家因为听了我的课，让企业在一年内的业绩从两三千万元增长到七八千万元。我的演讲让学员发生了这么大的改变，我怎么能没信心呢？

这就是培养信心最有效的方法。

2. 保持热情

无论是在现场的培训课还是在录制节目，我自始至终都保持高度的热情。如果你有到我的现场听课或者看我的光碟，就能感受这一点。可能正在看本书的你，很难体会到这一点，但我还是会尽我所能将那份热情带给你。

演讲现场让自己保持热情，是比较容易做到，因为那是一种面对面的交流，大家容易互动起来。在有观众的情况下，人的热情很容易被激发出来，但是在没有任何观众的情况下，比如录制节目或者视频课程时，我又是如何保持热情的呢?

很多人认为，对着摄像头这冷冰冰的东西录节目演讲，我们不需要保持热情，因为此时无论你以什么样的状态在演讲，它都不会对你做出回应。我并不赞同这样的观点，更不喜欢这样的做法。

即使是没有观众的演讲，保持热情也是演讲者的天职。所以，每次录制节目或者视频课程时，我都会将自己最大的热情展现出来。一进摄影棚对着镜头，我就告诉自己：我对电视机前面的观众充满好奇和热情，我想他们会边看边记笔记，我想他们看完我的节目意犹未尽，我想他们会因为我幽默风趣的演讲而鼓掌。一想到这些，我讲起话来就非常有信心，也会根据想象中的观众的反应适时调整语调、语速，甚至会加强肢体动作，以便将这种热情透过电视机传递出去。

3. 言行一致

一致性指的是，说自己所做，做自己所说。简单来说，就是当我在台上说的都是我做的，当我在台下做的都是我说的。如果一个人言行一致、表里如一，他讲话就会非常有底气和信心。

在演讲中，我也是这样，举的例子都是我亲身经过并验证有效的例子，否则我就不会拿出来讲了。我的原则就是，自己不认可、没做成功的事，统统不讲。

记住，只有你做到言行一致，你的演讲才会具说服力，观众才会买你的账。

了解马云的人都知道，他在一些人的眼里，就是一个“忽悠”大王，一些口才不如他的竞争对手，甚至烦透了他那张嘴。可是，大众却喜欢马云，不但喜欢听他演讲，而且喜欢他那些在网上传来传去的“语录”。

为什么马云如此受欢迎？难道真的完全是因为他总是能够妙语连珠吗？答案并非如此。其实，人们之所以喜欢马云的演讲，推崇他的口才，除了他的口才确实好之外，还因为他的人格魅力，以及他给大家树立的成功励志的积极形象。

最关键的是，马云是一个说什么样的话，就去做什么样的事的人。这是他受欢迎的重要原因之一。否则，我们就无法解释，为什么有的知名企业家口才也不错，也经常说出一些充满人生智慧的话语，但就是没人愿意关注他们。

其实，许多企业家的影响力都很大，但因为其言行不一，嘴里说着社会责任，实际干的却是欺骗消费者的事情，所以大众不喜欢他们，媒体也不愿意报道他们。

同样的话，心口如一、言行一致的人说出来，就会变成真理。而用心说话的人说出来，那就叫励志，这就是马云演讲受欢迎的原因——他的人格境界，提升了他的演讲魅力。

无独有偶。

美国著名的演讲口才大师、西方现代人际关系教育的奠基人卡耐基，他的父亲是个农夫，没读过几年书，一生的大部分时间都在农田里度过。他种地的经验要远比上台说话的经验多。然而，在卡耐基年轻的时候，人们却告诉他："你的父亲比你有说服力。"卡耐基对此很不以为然，因为他的父亲从没学过任何的演讲技巧。

后来，在一次教会的聚会中，卡耐基的父亲站起来说话，卡耐基发现，其他人都是一脸深受感动的表情，似乎他父亲无论说什么，他们都会相信。卡耐基由此有了一个很大的领悟：一个人的人格，会决定他说出来的话的价值。

事实正是如此。很多政客口才流利，说起话来头头是道，但是，没有人会相信他们的话，因为他们没有基本的人格；而一个正直、诚恳的人，也许他的口才差了一点，仍然可能会有强烈的说服力，因为他的"人格"已经帮他说了更多的话。

第二节　心理上的充分准备

当你突破心理障碍，敢于站在台上演讲后，你就开始希望自己的演讲完美而有吸引力。但那并不是一件容易的事情。尤其是对那些非专业演讲者来说，因为缺乏系统的学习和培训，要想做一场完美的演讲并不容易。

有没有一种方法可以让我们不用专门去学习演讲技巧就把演讲讲好？

有，这就是心理暗示。

在电影《国王的演讲》中，英国国王乔治六世有很严重的口吃，发表讲话时非常吃力，但他无法逃离公共人物的命运。幸运的是，贤惠的王后伊丽莎白经人介绍，为丈夫找到了一位与众不同的语言治疗师莱昂纳尔·罗格。

通过一系列的训练，乔治六世的口吃大为好转，与罗格也成了一辈子的好友。第二次世界大战爆发之际，乔治六世成功发表了那篇著名的圣诞讲话鼓舞了当时第二次世界大战中的英国军民。

细心的观众可以发现，乔治在正式发表圣诞演讲之前，有一段对着麦克风喃喃自语“我一定行”、“我一定可以”的镜头，这实际上就是演讲时的一种正面自我暗示。

所谓正面自我暗示，就是指刻意用某些积极的想法和念头去影响自己，这是唯一一种已知有效的、依主观意愿改变我们自己的方法。

一句话反复重复，一个表情反复重复，就能在你的潜意识中输入一个程序。因此，要想成为一个优秀的演讲者，就要掌握这一规律，那就是不断地正面自我暗示，不断地重复暗示。

1. 心理暗示的意义

在现实的演讲中，当你突破心理障碍，敢于站在台上当众讲话后，你就开始希望自己的演讲完美而有吸引力。但那并不是一件容易的事情。尤其是对那些非专业演讲者来说，因为缺乏系统的学习和培训，要想做一场完美的演讲并不容易。

有没有一种方法可以让我们不用专门去学习演讲技巧就把演讲讲好？有，这就是心理模拟训练，也就是心理暗示。

运动员们很早就意识到“心理预演”与“视角化想象”的重要性。经常看体育栏目的人会有这种印象：正式比赛前，运动员都会做一些模拟动作，比如跳远运动员会模拟起跑、起跳以及落地的情景，而篮球运动员则可能会站在罚球线上，进行无球状态的投篮模拟。

所有的这些动作，其实都是一种心理模拟，也就是心理预演。伟大的高尔夫运动员杰克·尼古拉斯在谈到如何在每一次挥杆之前应用心理预演时，这样解释说：“首先，我会‘看到’自己需要击打的高尔夫球，那个漂亮的白色精灵静静地躺在翠绿的草地上。接着，场景快速转换，我‘看到’了小球在空中飞行的样子：它的路线、轨迹、外形，甚至它落地时的姿态。接下来，头脑中的场景逐渐消失，现实重回眼前。我坚信，接下来的一击一定能够让头脑中的那幅场景变成现实。”

在心理上模拟将要执行的任务，以及对成功的可能结果的想象极大地提高了运动员的成绩。同样，如果我们将这种心理模拟应用到演讲中来，也可以大大提升我们的演讲效果。

在内心预演自己将如何演讲，如何调动听众的情绪，如何处理突发问题，对一次演讲的成功至关重要。匹兹堡大学和卡耐基·梅隆大学的研究人员发现，如果我们在执行任务的时候，事先在内心对理想结果进行过预演的话，那么，我们的额叶大脑皮层将被全面调动起来，极大地激发我们去积极地行动。心理预演越充分，任务执行情况就会越好。

在演讲时，要做好心理上的充分准备，这需要通过一定的心理暗示活动。例如，自己对自己大声地说“一个能够站在众人面前从容不迫、侃侃而谈的人，必将前途无量”，或者说“驾驭演讲让生命远航”等。

通过这些暗示性的语言，让自我心情澎湃，产生更强的演讲欲望，在脑海里根植一个表达意识的意念，把这些理念进一步地输入脑海，就会让自己从现在开始非常注重口才。

心理暗示是人对自我潜意识的定位，语言是生产力，心情舒畅时就能阳光灿烂，就更容易达成所追求的目标，所谓“干得好还要说得好”就是这个道理。

如果说“只说不干的人是嘴把式”，“只干不说的人是傻把式”，那么“既会干又会说的人才叫真把式”。

例如，有一则报道问最值钱的是什么？回答是人才。怎样才算是人才？回答是口才。也就是说，是人才不见得有口才，但是有口才的一定是人才，当然，这里的口才指的是有真知灼见，而不是胡吹乱侃。

2. 心理暗示的学习态度确认

学习演讲，要“战略上藐视敌人，战术上重视敌人”。演讲是一种重要的人际交流手段，但演讲并不难，只要通过训练，就一定能取得进步，这需要信心和自我激励。

为了能使自己产生强烈的心理暗示，需要对自己的学习态度进行确认，这可以通过自我言说来产生。

例如，可以将下面的语句默默地说给自己听：

（1）反正死不了，豁出去了！

（2）今天放下面子，明天才能更有面子！

（3）只有完美的练习，才能有完美的结果。

（4）练！练！练！

（5）实践，实践，再实践。

（6）开口，开口，再开口！

3. 心理暗示的学习宣誓

给自己心理暗示后，再通过进一步的强调来强化这些暗示，不断地说的过程更可以锻炼唇齿的配合，所谓“一样的话百样地说，才会有不同的结果”，通过反复的唠叨，自己的训练欲望就会高涨，学习也就更容易取得成功。

心理暗示活动的学习宣誓可以有以下几种：

（1）我会按要求完成所有规定课程。

（2）我相信通过这次学习，我的演讲能力一定会大大提高！

（3）我非常珍惜这次学习机会。

（4）我会牢记中国公民“爱国守法、明礼诚信、团结友善、勤俭自强、敬业奉献”的道德规范，做一个堂堂正正的中国人！

第三节 控制紧张，闪亮登场

20世纪80年代，美国心理学家做过一项调查，发了3000多张调查问卷，调查题目是：你最害怕的事情是什么？调查结果让心理学家们大跌眼镜，排在第一名的竟然是当众演讲，而死亡这么可怕的事情却“屈居第二”。

就连喜剧演员杰瑞·宋飞都这么说：“与死亡相比，人们更害怕当众演讲，就像去参加一个葬礼一样，你宁愿自己是躺在棺材里的那个人，也不愿意是致悼词的那个人。”

1. 认识紧张情绪

（1）紧张是普遍现象

当众演讲真的这么可怕吗？有人为此曾经到大学里去做了调查，没想到结果更加离谱：有80% ~90%的大学生觉得当众演讲非常恐怖。

心理紧张确实是绝大多数演讲者面对听众时首先遇到的最大障碍。可惜的是很多人不了解这一事实，往往以为天底下只有他一个人在公众面前说话才紧张，他自己也不好意思向别人承认了。只有那些参加了当众演讲特训班的学员，才发现当众演讲紧张的现象原来是这么普遍。

曾经有一位老学员跟我说：“我原来有一个毛病，每当演讲时，两腿就哆嗦，总认为全世界只有我一个人这么紧张。参加演讲特训班后才发现，哇！这里还有这么多的‘病友’，心里暗暗高兴，原来世界上紧张的不止我一个人。

“以前公司每次开会，快到我发言的时候，我总是借故走开。要么拿出手机，假装接电话溜出去了；要么告诉大家我先上个厕所。现在，经过这个课程的系统学习，正确认识了紧张后，我已经非常自信了……”

（2）紧张有弊也有利

既然紧张是普遍现象，那上台紧张会影响到我们的演讲效果吗？为了更好地回答这个问题，我们先给紧张分类。

第一，毫无紧张。演讲者心里一点都不紧张；演讲者还表现有点松懈，好像不在乎观众，也不要求自己。当然，演讲者这种态度对整个演讲活动不一定有利。

第二，轻微紧张。演讲者心里感到有压力，觉得不够轻松，但观众看不出来；演讲者很重视听众，经常思考怎样才能把这场演讲讲好。所以，这种紧张对演讲者反而有帮助，演讲者讲话时会更加有激情，如果换了一种环境，演讲者的表现会更加出色。

第三，非常紧张。演讲者心里忐忑不安，很害怕；演讲者总觉得自己的心怦怦乱跳，口干舌燥，喉咙发紧，手心出汗，大脑一片空白，站在舞台上像踩棉花一样；观众也明显发觉：有些演讲者表情尴尬，突然变得怪怪的，动作笨拙，两腿哆嗦，或者不停地在原地踏步，或者带有一些不雅动作，如搔头摸耳、卷衣角、抹发梢等；有些演讲者还面红耳赤，声音发抖，说话时颠三倒四，说错了话吐舌头；不敢正视观众，话还没说完，赶快往台下跑等情况。当然，这种紧张已经影响到演讲者的演讲效果了。

第四，严重紧张。演讲者觉得心里非常害怕和恐惧；演讲者明显感到心慌，胸闷，呼吸困难，甚至说不出话来；有的演讲者还当场晕倒了。当然，出现这种情况，这场演讲基本上是进行不下去了。

从刚才的分析，我们可以看出：紧张对当众演讲来说有利也有弊，要看程度。如果是“非常紧张”和“严重紧张”，我们必须想办法去克服它、调整它、控制它。如果是轻微的、适度的紧张，我们就没必要在意它和去消除它，因为它不是阻力，而是助力，有了它，我们的当众演讲会发挥得更加精彩。

2. 紧张产生的原因

我们已经知道，紧张是普遍现象，对于演讲者来说，紧张有利也有弊，我们提倡适度的紧张，但控制过度的紧张。为了能够有效地控制过度的紧张，我们先来了解一下紧张是怎么产生的。

(1) 曾经失败

也就是某人曾经在公众面前讲过话，但可惜失败了，并且失败得很惨！于是有了精神创伤，“一朝被蛇咬，十年怕井绳”，从此再也不敢上台演讲了。

某公司杨经理的管理能力很强，整个团队的销售业绩非常不错。在一次公司年会上，公司的销售冠军，也是杨经理部门的小李，刚刚给大家分享完他的销售经验。突然，老板让没有事先准备的杨经理也上台来说几句话。

其实，杨经理平时跟大家在一起时挺能说的，但这次不知道怎么回事，当他站起来面对大家时，他发现所有的同事突然变得陌生了，似乎一个个他都不认识了。他大脑一片空白，竟然一句话都说不出来，只好在大家的惊讶中下了台。

这件事过后，杨经理的心情一直不好。他心里老是想着：我是公司的金牌销售经理，竟然在老板和员工面前出了一个这么大的洋相，你说丢人不丢人？从那天开始，每当公司开年会的时候，杨经理总是缺席，要么生病了，要么有事情来不了，因为他担心老板还会要他上台说话。

（2）初次登台

无论是谁，第一次上台讲话都会觉得不习惯，也不适应。我们经常碰到这种情况：比如硬把某人推上舞台后，他沉默了一两分钟，从牙缝里蹦出“不会”两字，就不再开口了。或者他简简单单说了两句让人摸不着头脑的话，就匆匆下台去了。

有一次，杨先生报团出去旅游，在旅游大巴上刚好碰到抽奖活动。很幸运，他中奖了，导游小姐请他到前面来领奖。

当杨先生站起来，沿着过道走上来时，他突然紧张了起来，双腿不停地在颤抖，总觉得背后有无数目光在注视着他。更要命的是他用哆嗦的双手从导游小姐的手中把奖品接过来后，导游小姐还要他说几句获奖感言。

杨先生已经记不起来当时到底说了些什么，也不记得当时是怎么回到自己的座位的。只是记得当时有一股强烈的冲动，回来后一定要找一所培训学校，教他能在公众面前平静地说话。

（3）自卑心理

认为当众演讲是天生的，自己根本不是那块料；或者认为当众演讲是含金量很高的技术活，自己肯定学不来；或者觉得别人讲得就是好，自己怎么努力都没用。总之，老是打击自己，无形中给自己设下了一道障碍。

易小姐是学幼教专业的，一毕业就到一家市级幼儿园当幼师。由于工作优秀，才3年就被提拔为教务主任。但上任后，易小姐发现自己遇到了困难，因为这种工作是需要给老师们开会的，而她觉得自己的口才不好，能避免开会就尽量不开会。也真奇怪，越少开会就越怕开会，越怕开会，开会时就越紧张。

于是每次开会前，易小姐总是睡不好觉、吃不下饭，那种感觉让她痛苦不堪。无奈之下，她为了寻求解脱而决定辞职。

在家待了一段时间后，易小姐又想出来工作了。这次她考虑了很久，到底什么工作才不需要演讲呢？最后她想到了财务工作。因为这种工作专业性很强，能做账就行，根本不需要当众演讲。

下定决心后，易小姐报读了一个会计考证班，并拿到了会计证，很顺利地应聘到了一家单位的财务部门当会计。两年后，由于业务出色，她再次被单位提拔为会计主管。

随着职务的改变，易小姐不但需要与其他部门沟通，还要向领导汇报，还要与工商税务部门打交道，演讲的问题又出现了，平静的生活又被打乱了，痛苦又来了。怎么办？到底是勇敢地留下来，还是安静地走开？

（4）追求完美

看到别人的演讲很精彩，心里非常羡慕，有种见贤思齐的感觉。但是，由于自己又有追求完美的心态，以致思前想后，顾虑太多，不上台会觉得很遗憾，上了台又担心搞砸了。结果担心搞砸，就真的搞砸了。

1969年，世界演讲学大会在纽约召开，有很多演讲学教授需要在大会上宣读自己的论文。也许是这次会议的级别较高、来参加会议的人员较多，一些需要发表演讲的与会者都很重视这次发言机会。

但让人想不到的是，意外的事情竟然出现了：一位老教授由于担心自己的演讲得不到同行的认可，刚走上讲台还没开始说话就晕倒了。而紧跟在他后面的另一位教授，本来还在酝酿着自己的发言稿，一看到这种情况，还没上台，他也跟着晕过去了。

在世界演讲大会上两位研究演讲学的教授因为怯场而晕倒，既是一种讽刺，也告诉了我们：过分追求完美这种心态，不仅对于普通演讲者，就算是演讲家，都会导致整个演讲失败的。

（5）听众因素

首先，听众的人数。面对着2000人和面对着20人演讲，感受肯定是不一样的。因为一旦出错或者表现不佳，就会被“那么多人”同时知道。所以，听众越多，演讲者就会越紧张。当然，如果是表现欲很强的演讲家，他会觉得人越多越好，他的发挥会更加出色，这种情况除外。

其次，听众的地位。如果我们的听众身份比较特殊，比如老总、领导、面试官等，那么我们演讲时就会非常紧张；但如果是换成去幼儿园给孩子们讲故事，心里就淡定了，就算说错了也没事，完全可以轻轻松松地纠正过来。

再次，听众的熟悉度。如果与听众很熟悉，在他们面前说话就会轻松很多。毕竟大家相互了解，就算在台上说错了，他们也不会因此而否定自己的能力，没什么压力。但如果台下全部是陌生人，演讲者就会很在乎自己的表现，心理压力也会随之加大。

最后，听众的观点。如果演讲者发现台下大多数人的观点跟自己一致，那他演讲起来就会信心十足。

但如果是看到台下人的意见跟自己总是相左，好像自己已经被怀疑和挑战的眼神所包围，那么演讲者肯定感到“压力山大”了。

（6）自己准备

如果自己对此次演讲已经做了充分的准备，那么，就不会太紧张。如果总觉得自己还没完全准备好，只是仓促上场，那么，“搞砸”的心理阴影就会影响到临场发挥了。

3. 克服紧张训练

造成我们当众演讲紧张的原因尽管很多，但归纳起来，无外两大方面。其一，期望值太高。比如，追求完美、对自己要求过高等。其二，还没把握好。比如，第一次登台、有自卑心理等。

为了能够达到控制紧张的目的，下面我就这两大方面原因提出两条建议。

（1）降低期望值

为什么要降低期望值呢？因为降低了自己的期望值之后，心理压力就会减轻很多，当没有思想压力之后，自己的发挥就会更加精彩。特别是对于没有演讲经验的初练者，更应该如此。

第一，看轻结果。现实生活中，无论做任何事情，如果太看重它的结果，那么，这件事情就往往做不好了。因为此时的思想负担过大。但如果事先降低自己的期望值，重塑自信心，反倒让自己超常发挥了。所以，降低期望值是缓解当众演讲紧张的一种好方法。

第二，看轻自己。在这里，看轻自己并不是自我贬低、自己瞧不起自己、对自己缺乏信心、自甘落后。其实，有时候它更是一种人生态度，一种生活哲学。因为当学会了看轻自己后，我们就能轻装上阵，在人生旅途上获得更多的智慧与快乐。

第三，允许出丑。这个世界上，没有谁能随随便便成功，伟大都是熬出来的，甚至有些成功者，当年还失败得很惨。

例如，香港凤凰卫视金牌主持人窦文涛，尽管他有“名嘴”、“铁嘴”之雅号，但他小时候嘴巴并不厉害，除了爱说话外，却是一个说话不利索，甚至还有点口吃的孩子。

上初中那年，有一次语文老师跟他说：“窦文涛，学校要组织演讲比赛了，我看你挺爱说的，你就来参加吧！”“演讲要怎么弄？”“很简单，你写好一篇作文，上台把它背出来就行了。”“好！”窦文涛满口答应下来后，就回家写稿子，背稿子。背稿时，他还发明了一种快速记忆的方法：只要把每段的第一个字记住，这段文字就可以倒背如流了。为了检验自己的背诵方法，窦文涛还让妈妈在旁边考他。

但到真正演讲那天，窦文涛上台后，他发现这种方法不管用了。当他把第一段、第二段文字背下来后，第三段的第一个字，怎么也想不起来了。半分钟过后，台下黑压压的一千多名同学中，有人开始交头接耳了。窦文涛越来越害怕，低头一看：坏了，尿裤子了。他赶紧跑了下来。

第二天早上，窦文涛来上学时，心里还很别扭，总觉得全校的女生都在看他。更让窦文涛想不到的是，语文老师还来找他。“窦文涛，你昨天尽管没有讲完，但总体上还是不错的。其实，学校这次演讲比赛是为了区里的演讲比赛做选拔的，根据你昨天的表现，学校准备让你继续到区里去参加演讲比赛。你愿意吗?”

“什么？你没搞错？还要我去参加比赛?”窦文涛的眼睛突然变圆了。但转念一想：我昨天当众尿裤子的事，丢人都丢到家了，难道还有比这个更丢脸的事情吗？这一次，我一定要把昨天丢的脸挣回来。

迟疑了一下，窦文涛同意了语文老师的建议。果然，这一次，他真的拿回来了一个三等奖。

多年后，当回想起这段往事，窦文涛告诉朋友说：“从那天以后，我的思想开始发生变化了。我觉得人要珍惜每一个当众出丑的机会，这样才能放下自我。因为我这次出丑了，你们笑话我了，我不要脸了一分；下一次再出丑了，我不要脸了两分；但等到我全不要脸了，我就可以进入自由王国、无我的状态了。”

其实，自我就是脸面、自尊心、虚荣心等诸如此类东西构成的，当这些东西全被摧毁后，你就会发现自己已经获得了一切。比如，你今天在10个人面前出了一个很小的丑，那明天这个丑就能帮你在10万人面前挣回一个大面子。所以说，积累了足够的挫折、出丑的经验后，自己的演讲水平才能达到炉火纯青的水平。

学习当众演讲：先出丑，再出众，再出名。所以，要学好公众演讲，第一条就是不怕出丑。

第四，允许紧张。心理学家继续解释：因为一旦允许紧张出现之后，演讲人就会变得很真实，他就会展现最真实的自我，观众也更容易接受他。

如果演讲者刻意控制紧张，观众就会感觉到这个人好像隐藏着什么，总觉得这个人让人不踏实、不安全。既然觉得不安全了，观众就会防备着他。

（2）增加把握度

对于当众演讲紧张者来说，降低自己的期望值只能起到治标作用，而真正起到治本作用的是增加把握度。怎么做才能增加对演讲的把握度呢？我认为可以从如下四点入手。

首先，长期积累。当一个人对他要演讲的内容相当熟悉了，他的自信心就有了。所以说，工作中的演讲内容尽量不要超出自己的专业范围。另外，作为一位某个领域的专业人士，对本行业必须精通，只有这样，你当众演讲时才不会紧张。

其次，充分准备。如果一位战士上战场之前，他还没检查过自己的冲锋枪是否好用，也没有看过自己的弹药是否充足，你说他对这次作战会有信心吗？同理，演讲也需要事前准备。美国成功学大师卡耐基就曾经说过："只有准备充分的演讲者，才配有自信的资格。"

其实，成功的演讲都是归功于正确的准备。先拟定提纲，再多次试讲，才是充分的准备，其中的任何一种只能算是准备了一半。

丹尼尔·韦伯斯特曾经说过："未经准备而站在听众面前，无异于裸体示众，而准备了一半，就等于只穿了一半的衣服。"这句话虽然有点危言耸听，但是，它告诉我们：演讲前的准备实在太重要了。

再次，满怀信心。对自己充满信心，也是一种有效控制紧张的方法。这里所强调的满怀信心有三层含义，包括对自己的训练有信心，对导师的指导有信心，还要对听众的配合充满信心。特别是对自己的训练有信心尤其重要。为什么这一条更重要呢？因为它是支撑你继续学习当众演讲的精神支柱。对于演讲来说：现在开始，永远不晚，只要用心，就有可能，只要进步，总有空间。

最后，不断实践。没有天生的自信，只有不断培养的自信；没有天生的演讲家，只有后天不断成长的演讲家。说到底，能让自己当众演讲能力得到提高、演讲经验更加丰富的唯一方法还是不断练习、不断实践。

第三章

演讲的基本功训练

演讲的基本功训练包括逻辑思维训练、语音训练、态势语训练、口语表达训练四个方面的内容。

第一节　逻辑思维训练

逻辑思维训练，也就是脑的训练，脑的训练主要有三个目的：锻炼脑的快速择语反应能力，有效地开发智力，获得脑的猛烈联想。

1. 预热头脑

运动员在参加运动比赛时都会做一些预热动作，同样，演讲是一种大脑的运动，为了让大脑进入状态，需要对大脑进行预热，大脑预热有很多种方法。

（1）隐藏着九张脸的图

预热头脑，可用图 3－1 来进行练习，该图中隐藏着九张脸，而能独立找到九张脸的人，据说智商在 200 以上。

图 3－1　隐藏着九张脸的图

图中大脑袋是一个老人，耳朵处是一个少妇，她怀里抱着一个孩子，由鼻子、下巴颏、眼睛构成了两个人（一个老夫人和一个老头），在两柱子及侧面分别有一个模糊的人影。

这张图片包含了一个道理，就是宏观与微观、战略与战术之间的关系，只有宏观没有微观的宏观显得琐碎，但没有精彩的细节就不可能有波澜壮阔的全局，因此要做到伸缩自如，然后很好地去激励头脑，学会换个角度看问题。

科学家发现，人的头脑中大约有 1500 亿个脑细胞，每个细胞都有细胞核，外面像八爪鱼一样有触须。假如把整个脑袋中的 1500 亿个脑细胞建立连接，它的储量将是人类无法想象的。

在日常生活中，一般人只开发利用了大约自己头脑资源的3%。所以有一句话说，脚步达不到的地方眼睛可以看到，眼睛看不到的地方心可以想到，思想是无边无际的。下面这首小诗说出了公众演讲与人的思维的关系：

鸟有飞跃不过的高度，
风有吹不到的天际，
唯有梦想，没有去不到的地方，
公众演讲训练为您的梦想插上腾飞的翅膀。

（2）隐藏着狮子的图

图3－2中隐藏着一只狮子的头，请仔细观察并指出狮子的位置。

图3－2　隐藏着狮子的图

在图3－2中，狮子在哪里？这只狮子是由重叠的、不同的图案构成的：树梢构成了头发，栏杆构成了胡须，水中的两只鹅是眼睛和嘴。

在日常生活中，有些事情是一目了然的，而有些需要人们去慢慢聚焦体会。因此，热爱生活，善于观察生活，对提高表达能力是很重要的。

（3）逻辑就是顺序

逻辑是一种技能，就像我们拨电话号码一样，顺序对了就能打通。而演讲有说服力，就是顺序对了。

逻辑1：自我演示逻辑。

①你是谁（就是你能带来什么结果）？

②我为什么要听你讲？

③听你讲对我有什么好处？

④我能做到吗？

⑤我用什么方法可以做到？

⑥有谁来帮我？

⑦我什么时候开始行动？

例如：跟孩子如何说话？（如孩子数学没及格）

①你是谁？（懂数学的人）

②我为什么要听你讲？（以前语文经常不及格，数学经常前几名）

③听你讲对我有什么好处？（让你数学进入前几名）

④我能做到吗？（讲你自己条件比他还差一条，还有一条不如他）

⑤我用什么方法可以做到你的结果？（给他讲一个具体点）

⑥有谁帮我？（我或者找家教来教你）

⑦从现在就开始我们一起面对。

逻辑2：道，术，器，立体展示模式。

道，就是你要说什么，要让听众达到什么结果；术，就是你要怎么讲；器，就是你要用什么工具讲。演说就是说思维体系。

逻辑3：成功经验和失败教训。

例如，如何描述自己或一个企业成功的核心或失败的教训？

目的是让听众找到自己成功的核心或教训（学习是引发新的思路和方向，并促使自己深入思考）。

每个老板必须找出企业成功的三大核心。必须讲你深刻体验到的，绝不是理解到的或是听说到的。

必须是独到的、深刻的见解，比常规深入一步（如售前服务深入到跟顾客一起寻找，就是泛管理理论）。

高手就是在此提出原创性思想，时间允许的话讲1~3个案例，如海尔成功的核心之一是真诚。

逻辑4：说服逻辑。

例如：所有成功广告都是一种说服模式。

诱因：皮肤过敏；

问题：脸上有痘；

解决：找“姗拉娜”；

结果：痘痘不见了；

号召：连忙拨打屏幕上的电话。

2. 有话可说的四种思维方式

（1）逆向倒转思维法

很多人一旦当众演讲，就会无话可说，甚至用陈言去搪塞，讲不出任何新的东西，讲完了自己都不满意，但是一旦有新的东西，演讲就会大大不一样。

所以不妨用逆向倒转思维法，凡事反过来想一想，看看能不能化扁为饱、化饱为扁、化正面为反面、化反面为正面、变肯定为否定、变否定为肯定。

（2）追本溯源思维法

追本溯源思维法，就是撩开面纱看新娘，要入木三分，寻找根源，往前走一走，往根上挖掘一点点，一定会得出新颖的答案。

（3）纵横交错思维法

纵横交错思维法，即所有的事情都可以从纵的方向，或者横的方向，或者从纵横交错的综合性角度考虑，这样一来就会获得新的话题。

纵横交错思维法的应用，围绕一个故事谈观点。故事内容是：从前有一个学生，进京拜师学艺（学习唱歌），当学到中途，他觉得自己已经唱得很不错了，于是向老师辞行。老师看到天色已晚，就说，今天很晚了，明天再走吧。

第二天，老师准备了一些吃的，在路口的一棵树下为他送行。席间，老师放声歌唱，高亢嘹亮的歌声震动了山岭，阻遏了浮云，这个学生听了以后羞得面红耳赤，觉得自己不过是半瓶子醋，离学成还差得远呢！于是向老师致歉，不再提回家的事了，直到学成为止。

先横向思考，老师用言行告诉这个学生，任何人都不能骄傲，俗话说，谦虚使人进步，骄傲使人落后。老师现身说法，使学生明白了学无止境的道理。

再纵向思考，用这个学生的思想和行动进行前后对比，用老师的行动进行前后对比。这个学生开始时盲目自满、自以为是，后来认识到了不足，然后知错就改，勇于认错，这是一个好的品质。

老师对这个学生没有进行笼统地批评、简单地训斥，而是现身说法，以自己的歌声启发对方，让他受到教育。从老师的这个表现里可以看出老师对自己学生的一种宽容精神和教育方法。

（4）攻其一点思维法

从兵法上讲，攻其一点就是重点进攻、各个击破，与其伤其十指，不如断其一指，集中优势兵力消灭一个，讲的就是这个道理。

北京申奥成功以后，某电视台的女记者在街上随机采访，见到一个老太太就问，北京申奥成功以后，对市政建设及国民经济会有怎样的影响？

这个老太太说："闺女啊，你问这个我不懂，我是卖煎饼果子的。现在，我在八达岭山脚下，还有甘家口、朝阳公园门口都有煎饼果子摊。咱申奥成功我当然很高兴了，我就把我的煎饼果子卖好。我要求我从保定招的这些服务员半个月检查一次身体，同时买的那些鸡蛋都是在草原上吃蚂蚱的鸡下的蛋，好多中学生都买我的煎饼果子当早餐吃。我就想，在2008年之前，我让我这个煎饼果子摊在朝阳、海淀、宣武、丰台，哪个区都有，让那些运动员参加比赛的时候，路过这个摊位，也吃个煎饼果子，让他们都提高成绩，获得冠军，谢谢。"

看了这个电视节目，我的一个重大启示就是老太太非常巧妙地运用了攻其一点思维法。简单的理解就是当大的问题驾驭不住的时候，千万不要穿靴戴帽，闹得自己都不满意，应该将思维拉到自己熟悉的领域来谈，就像这位老太太一样，只说自己最熟悉的煎饼果子。

运用上面的这四种思维方式，再结合自己的工作情况和其他实际情况，遇到问题的时候，换一个思路去考虑，就会获得新的演讲题材、新的演讲切入点，轻松告别无话可讲，找到演讲的内容，找到自己的价值体现。

3. 快语语智训练法

快语语智就是快速选择词语的能力，恐怕很多人都玩过这种训练法，例如，成语接龙，可以首字拈、末字拈、首字数序拈、首字成句拈。

（1）快速择语训练

一个是“火车挂钩”训练，训练要点：首字拈、末字拈、首字数序拈、首字成句拈。

①首字拈。例如，成语“一心一意”首字拈的时候，首字是“一”，则后面要求说很多都是以“一”开头的成语，在没有成语时也可以是俗语，更可以是四字短语，通过这样的训练就能培养快速语智的反应能力。以“口若悬河”为例，可以有“口吐白沫、口不择言、口齿伶俐、口腔卫生、口口相传、口头表达、口诛笔伐”等。

②末字拈。就是用词语的最后一个字来接龙，例如“一心一意、异想天开、开天辟地、地久天长、长治久安、安如泰山、山清水秀、秀外慧中”等。

③首字数序拈。就是将成语的首字依次固定，然后进行接龙的训练，例如“一心一意、两全其美、三星高照、四季来财、五福齐备、六连高升、七倒八歪、八面来风、九九归一、十全十美”等。

（2）对对子训练

对对子训练，就是按照古代对联的要求，平对仄，例如，“上对下，南对北，软对硬”等，可以一个字对一个字，也可以多个字对多个字，例如，“门对千竿竹”对“家藏万卷书”，“公鸡打鸣早早起”对“母鸡下蛋壮身体”，当然不需要非常工整。

（3）近义语描摹训练

近义语描摹训练，就是把概念性的东西具体化。例如，你要向听众表达今天特热，会想到用一些词来形容，像“太阳、火、空调、汗流浃背、冰棍”等。

（4）单字联想训练：字、词、句、段、篇

单字联想训练，就是从字出发，联想到词，再联想到句，形成段落，最后构成篇，这是一种由点到线，由线到面，由面到体的过程，这样的过程也很有助于大脑的开发训练。

脑是人体非常神奇的器官，它有很多的潜能量可以被开发利用。进行脑的训练，能够有效地开发智力，锻炼脑的快速反应能力，获得脑的猛烈联想。

在开发大脑时，一定要认为自己脑子很灵，并且坚持做对自己有意义的事。用积极的语言能够刺激大脑，从而调整自身进入最佳的状态。

第二节　语音训练

语音技巧与演讲成败息息相关，可以用下面的关系来说明：演讲←口语表达；口语表达←口语发送能力；口语发送能力←语音造型。也就是说，演讲的成败取决于口语表达能力，口语表达能力取决于口语发送能力，而口语发送能力取决于语音造型。

这就要求在语音表达时，要字正腔圆，发音要到位，语音造型要讲究形神兼备。

形是指听众根据演讲者的声音，还原出的形象；神是指听众根据演讲者的声音，所获得的神韵。形神兼备就容易让对方想象和接受。俗话说“看景没有听景好”、“看景不如听景”，意思就是听景的时候，可以发挥自己的想象，会想得更美。

请看下面一篇新闻报道：

2006年6月6日16时整，三峡工程三期围堰爆破拆除现场指挥张曙光、邢德勇同时按下两个红色的按钮。几秒钟后，现场一阵密集的“噼啪”巨响。只有12.888秒，三峡工程三期围堰爆破成功。

在900多声爆炸响声中，记者在现场看到，巨大的堰块如同多米诺骨牌，从北向南依次匍匐入江，江面上顿时巨浪翻腾，水花飞溅。十几米高的巨浪从爆破处向上游奔腾而去，巨浪发出虎啸狮吼般的咆哮声，激起的水花蹿至四五米高。

用时12.888秒，爆破量相当于400座10层高楼，其规模及难度都称得上是“天下第一爆”。

即使没有观看新闻联播，只要通过上面的语言描述，也可以设想和感受到这个场面的宏伟，这种语音的造型功能，更加锤炼了语言的表达能力。

1. 呼吸的方法

气乃声之源，气好比水，言好比水上的浮物，水大则浮力大，因此，演讲要有底气。语音的质量在很大程度上取决于呼吸技巧的运用。

（1）吸气

吸气要深，小腹收缩，整个胸部要撑开，尽量把更多的气吸进去。例如，闻到一股香味时的吸气法。应该注意的是吸气时不要提肩。

（2）呼气

呼气时要慢慢地进行，要让气慢慢地呼出。因为在演讲时，有时需要较长的气息，只有呼气慢而长，才能达到这个目的。注意，呼气时可以把两齿基本合上，留一条小缝让气息慢慢地通过。

（3）补气

在演讲高潮时，常常需要大量气流加强语势。刹那间口鼻同时吸入少量气息作为补充，并且避免擦音。

2. 发音技巧

（1）共鸣、扩大音量、美化音色

演讲者要发出洪亮、圆润、悦耳的声音，发声必须经过共鸣，共鸣分为以下三种：

①口腔（喉腔、咽腔）共鸣：中音共鸣区；

②鼻腔共鸣：高音共鸣区；

③胸腔共鸣：低音共鸣区。

演讲是以口腔共鸣为主，以胸腔共鸣为辅，略带一点鼻腔共鸣的当众表达活动。

（2）吐字归音

吐字归音，是我国传统说唱艺术中关于咬字方法的一个术语。它把一个音节的发音过程分成出字、立字、归音三个阶段。

出字是指声母和韵头（介音）的发音过程，立字是指韵腹（主要元音）的发音过程，归音是指声带发音的收尾（韵尾）过程。也就是说要控制发声器官的位置和肌肉的松紧，使每个字的字头、字腹、字尾都发得清楚完整。

其要求是咬紧字头、延长字腹、收准字尾，达到“咬字千斤重，听者自动容”的效果。例如，“讲”字，字头是ji，字腹是ɑ，字尾是ng。

3. 节奏

节奏可以分为：明快型、凝重型、激昂型。演讲中的抑扬顿挫、高低起伏称为演讲的节奏。由于节奏的变化，所以演讲具有听觉美。构成节奏的要素有：重音、停顿、速度、抑扬、节奏变化。

（1）重音

重音可以分为语法重音（结构重音）和强调重音（情感重音）两种，语法重音服从于情感重音。

情感重音的表达技巧多种多样：加重音量、拖长音节、一字一顿、反转等。加重音量就是咬得很重；拖长音节则是将话语的音节加长；例如，“啊——我就是这样——”，表示了一种无所谓的态度；一字一顿则是每一个字都停顿一下，例如，“你——能——拿——我——怎——么——样——”，这句话明显表达出一种挑衅；反转是由快到慢，例如，闻一多的最后一次演讲中曾经说过：“杀死了人，又不敢承认，还要诬蔑人，说什么‘桃色事件’，说什么共产党杀共产党，无耻啊！无耻啊！”这种反转由快到慢，加强语气。

（2）停顿

停顿，既是演讲者的生理需要，又是表达需求。停顿是为了表达某种情感，将有的字词、语句做特别清晰充足的发音。

停顿分为语法停顿、逻辑停顿、情感停顿、回味停顿四种。演讲中的停连是非常重要的。

比如，“叔叔吻了我妈妈也吻了我”这句话，如果使用不同的停顿方式来表达，就会产生两种截然不同的效果。

“叔叔吻了我，妈妈也吻了我”意思是叔叔和妈妈都吻了我，而“叔叔吻了我妈妈，也吻了我”则意思是叔叔吻了妈妈和我两个人。

（3）速度

速度指演讲中的语速，语速对表情达意十分重要。播音的语速一般300字/分钟；首长做报告，一般150字/分钟；演讲的语速介于播音与报告之间，在200字/分钟。

在演讲中，以一次为参照，可以根据不同的演讲风格酌情增减语速。一场演讲中，开头、高潮、结尾部分的语速也不尽相同，要根据不同的人，不同的讲法因地制宜、因人制宜地来调整。例如，给老太太做演讲，语速要慢一些，大声一些。

（4）抑扬

抑扬，就是声音欲扬先抑，欲抑先扬，欲重先轻，欲轻先重，欲停先连，欲连先停等技巧的使用。

抑扬有三种情况：

①上扬调：由低到高，代表鼓动、号召等。

②下抑调：由高渐低，代表自信、肯定等。

③平直调：由头至尾，变化不大，代表叙述、说明、解释等，有点像播新闻。

由于节奏四要素的不同排列组合，构成了不同的节奏类型。主要有：

第一，明快型。感情脉络平稳，语调变化小和停顿较少，叙述事件语气平和，中速或稍慢，重音和停顿较少，多用于叙述一件事，说明一个道理。

朱自清先生的文章《春》中有这样的语句：

春天像刚落地的娃娃，从头到脚都是新的，它生长着。

春天像小姑娘，花枝招展的，笑着，走着。

春天像健壮的青年，有铁一般的胳膊和腰脚，领着我们上前去。

……

以上的文字读起来就要使用明快型，这样才能达到最佳的阅读美感。

第二，凝重型。抒发沉思、悲伤、激愤的情感所使用的一种节奏，是一种抒情性演讲。

当张海迪讲到曾经因失望而自杀的时候，她就是用这种节奏方式处理的，她说："虽然我有病，可是，我不愿做这沸腾生活的旁观者。我愿像别人一样，做一个社会主义建设者。爸爸、妈妈，请你们原谅我，原谅我。我永远也不会忘记跟你们生活的那些岁月。我吞服了大量的安眠药，并且还给自己打了冬眠灵。我躺在床上，静静地等待离开这个世界。”

第三，激昂型。抒发激昂、喜悦、愤怒、紧张等多种情感时所使用的一种节奏。语调高扬，大起大落，语速快，节奏流畅，音色明亮，重音与停顿较多。例如，伸出你的手，伸出我的手，我们手挽手一起走，心中有爱才会有奔头！

所有的方式方法，在实践中都可以灵活多变、交替使用，但是必须以演讲者的情感为依托。

4. 变声传神

演讲中，为增强语音的表现力，造成生动感人的效果，需使用变声技巧。变声技巧有：拟声、拖腔、气音、喷口、颤音等。

（1）拟声

为了叙述一件事的时候绘声绘色，或需要模拟某些声响效果时，可以使用拟声表达，有时为了使效果更加逼真，可以适当延长或缩短发声时间，通过控制音调、强度、节奏，可以达到紧张、急迫、危险、压抑等多种效果。

由于初上战场，没有经验，我还在埋头看书，突然听到一位战士叫了起来：“炮弹！”随即一把将我往战壕里推，我们稀里哗啦就进了壕沟，当时是跳下来还是滚下来的，我也记不清了，只知道趴在战壕里不敢动。

就听到空气撕裂的声音“刷——咣”，震耳欲聋的爆炸声，紧接着整个阵地都在摇晃，大概一两秒钟以后，石块泥巴噼里啪啦地打在身上，等身上挨了几下后，才反应过来应该进洞啊！

（2）拖腔

使用拖腔，可以表达一种疑惑，也能增强感情色彩所占的比例，让语句更加柔和委婉。

例："他为什么总那么说，我琢磨来琢磨去，难道——这话中还有话?"

（3）气音

为了表示强调，对演讲的部分内容加重语调，用沉重的声调表示，可以将这种扣人心弦的效果淋漓尽致地表达出来。

在小曹地区的战斗中，一位战友身上连中三弹，昏倒在地。当他醒来时仍然坚持战斗，不料飞来一颗手榴弹，把他的小腹炸开，肠子"哗"地流了出来，落了一地，这时他随手捡来敌人的烂钢盔，用左手抓起粘满泥和血的肠子塞进肚子里，用钢盔卡住，用子弹带扎紧，1 米、2 米、3 米……他继续向前爬了 10 米远，打出最后 30 发子弹。

（4）喷口

喷口就像喷出来的那种声音，通过喷口，可以将愤怒等情绪非常恰当地予以传递。

我们看，光明就在眼前，而现在正是黎明前那个最黑暗的时刻。

我们有力量打破这个黑暗，争到光明，我们的光明，就是反动派的末日！

（5）颤音

颤音往往更能表达情感，更容易感染听众，也更容易使得演讲者和听众都进入角色。

看看我们脚下这片大地吧！这才是我们自己的土地！她给予我们的太多太多，而我们给予她的却太少太少，她的贫乏是我的不是，你的不是，他的不是……

当我们明白了这一点时，我们就会扑倒在她的怀里，深情地喊一声“妈妈”，又怎么舍得离开她呢？

第三节　态势语训练

伴随有声语言的表达，还存在一种依靠面部表情、手势和身体姿态动作来辅助表达思想感情的无声语言，称为态势语言。

态势语言训练的重点要求是：自信挂在脸上；胸中涌动激情；举手投足常练习；嬉笑怒骂有归依；解放思想，挥洒风采；振臂一呼，应者云集；堂堂正正，荡涤心灵。

人们的表情、手势、姿态等是能够表达人的思想感情的肢体语言。心理学家阿尔伯特·梅拉比安发现一个公式：信息的总效果=7%的书面语+38%的音调+55%的肢体语言。可见，肢体语言在语言信息表达中，占有绝对重要的地位。没有好的肢体语言，根本谈不上好口才。

人们在交流中，可以通过眼神、表情、手势等辅助有声语言的表达。丰富多样的肢体语言大大弥补了有声语言在表达上的不足之处。

在你用语言表达时，尽管已经准确无误，但是听众未必都能理解。如果用肢体语言给予补充，那么语意表达将更加传神到位，让听众清楚。比如，把手指放在嘴边，示意不要说话了。

我在实践中，总结出运用肢体语言的八字口诀：简单、对称、重复、夸大。简单的动作，听众容易记得住，明白表达什么但是只有简单是不够的，需要有对称的动作，最简单的就是，左手拿麦克风，隔一段时间换到右手。如果在台上的动作幅度很大的话，下面的听众接受概率也会很大，反之则不然。

有一次，我在给一家企业做培训时，让大家做了一个练习：让一个人在台上说话，让下面的人根据他说话的内容做动作。这个练习非常成功，很多人发现，即使自己不说话，也能通过肢体语言把内心的思想表达清楚。

我认为，做任何事情，都要有自己的方式。有很多培训师都在模仿别人的肢体动作，这是不对的。如果你总是按照别人的东西学习，模仿别人的方式，你的灵魂就不存在了。没有了内在，你和一台复印机还有什么区别呢？所以，不要一味地去模仿，要有属于自己的有个性的东西。

我准备在退休之前培训出108名讲师，每年培训36个，这些人都是从全国海选出来的精英。很多人问："你培养出来的108名讲师都和你一样吗?"我回答："绝对不是。108名讲师都有自己的风格，都有自己的特长需要发挥。他们要是都和我一样，就糟糕了。因为我只教会了他们怎么去模仿别人，却没有教会怎么做一名优秀的讲师。所以，每个人都要有自己的模式和风格，开始的时候可能有一点模仿，但是一段时间后，就会有自己的风格。"

我在大量的实战中，总结出四个基本动作，它们可作为肢体语言在演讲时配合使用。

拍手，可以引起大家的注意，这个动作不能常用，否则，大家觉得对于不是重要的事情你也拍手，以为拍手是你演讲的习惯。

握拳，表示对自己有信心，大家也会对你的理念有信心。

切剁，表示你对某件事情抱有特别肯定和赞同的态度，并且感染你的听众也赞同你的观点。

抚平，可以带动大家对某一个观点或某件事情持认可的态度。表示认可后，就可以结束对这个问题或者事情的讨论，接着向下进行。

肢体语言是根据动作、手势、眼神、表情的变化来表达各种语言和情感的。运用肢体语言，能为你的有声语言添加丰富的内容和吸引力，达到语言表达不能及的效果。

不用体态语会使声音显得呆板、毫无吸引力；但是用得太多，会显得轻浮不稳重。因此，肢体语言首先要自然、得体，不做作。

说话、演讲、辩论时都要用到肢体语言，要求讲话者表情自然，动作大方得体，表现出讲话者的风度，赢得听众的好感。

肢体语言的运用，要讲究正确的时机。在恰当的时候，眼神、表情、动作能够帮助说话者传情达意，表达说话者的思想和内涵。肢体语言要求说话者不要太过于拘谨，也不要太过于夸张，要恰如其分地帮助、弥补、强调、代替有声语言。

1. 眼神的训练

（1）眼神交流七法

前视，就是向自己的正前方注视，常用于对现场的掌控。

环视，就是向自己的周围一圈进行关注，常用于对现场的掌控。

侧视，向后方比较远的观众注视，可以表示对后方观众的注意，可以起到提醒、警示、沟通、强调的作用。

点视，当发现某些观众有骚动或异常情况时，可以使用点视来观察，也可以用于对个别人的提醒。

虚视，当演讲中非常紧张的时候，可以假设自己的前方空无一人，采用虚视的办法，将目光投向前方来缓解紧张。

闭目法，讲到真情或深情的时候，可以采用闭目，如此去做肯定会有很好的效果，更会让人觉得你进入了状态，更容易引起共鸣。

仰视，为了突出表示赞同和认可，可以采用仰视的方式注视对方。

俯视，如果要表达“行了，老兄，你这种做法很不切合实际”这样的意思，可以采用俯视的注视方式。

（2）听众眼神有疑惑的目光，需要再解释一遍

演讲不能自顾自地讲话，一定要根据对方的眼神或者大家的反馈来说话。如果有人没听明白，还有疑虑，就再讲一遍。

（3）看鼻梁、鼻心——让他听见，看眼睛——听到心里去

表情态势语训练的注意事项：一是要自然、放松；二是要与所讲的内容一致。演讲的时候要求表情自然放松，一个微笑在先，大方得体在先，热情洋溢，激情满怀，再使用自己专业的知识——才情，这样才能周旋得满座春风，发挥出超乎想象的水平，才能使演讲取得成功，而不是显得高深莫测，让别人都觉得紧张。

站姿训练的注意事项：一是要站稳，也可走动；二是双脚与肩同宽，手自然下垂；三是身体前倾表示亲切。站姿要站稳，也可以走动，即使走的时候，也要脚下有根，让双脚与肩同宽，手自然下垂，要给别人一种顺眼的感觉，让别人觉得看你很顺眼，才能让人觉得你做什么都好。

2. 手势的训练

手势不练不成形。没有练习过的人，大都会手足无措，不知道手往哪里放，或者根本不知道怎么做手势。心里明白手势的好处，但是做不出来，怎么办？

唯一的办法：多练。演讲的内容千变万化，手势和表情也千变万化，从哪里学习呢？首先要掌握好三动的原则：生动、仿动、同动。

“生动”就是要从生活中找动作。比如，用大拇指来表达成功，很贴切，别人一看就明白。

“仿动”就是模仿各种事物的外形来找动作。比如说，“我们要下定决心，不怕牺牲，克服万难，争取胜利”，四句话做一个动作，都是手握拳头重复地上下挥动，这就是重复的动作。但是重复的动作会让人感觉不舒服，视觉上很单调。由此看来，有些人讲话时不是动作太多，而是重复的动作太多，我们要摒弃重复的动作，不断学习模仿。

“同动”就是声音和动作要同步。手势就像指挥棒，我们在舞台上合唱，指挥家在前面用手指挥，大家的声音就和他的手势同步。要做到手口同步，就要先把手举起来。因为做动作的过程要长，而语言出口过程短。

（1）手势训练的注意事项

手势的训练要点和原则可以用四个字来概括：自然、协调。具体应用中要根据场合需要灵活调整使用，一般有以下注意事项：

①上、中、下三躯的运用；

②场面大，手势大；场面小，手势小；

③肩发力，表示力量；肘发力，表示亲切；

④手势应该停留足够长的时间；

⑤头脑中应存储3～5个手势。

（2）手势的使用技巧

以手伸出后在身体前的大致位置，可以将手势分为上、中、下三躯。上躯，即手伸出后位于胳膊伸直后的位置之上；中躯，则指手伸出后位于胳膊伸直后的位置之下，但又处于腹部之上；下躯，则指手伸直后位于腹部之下。手势的使用技巧，可以归纳为以下几个要点：

①手势很重要；

②肩部以上叫上躯；

③肩腹之间叫中躯；

④腹部以下叫下躯；

⑤上躯表示号召；

⑥中躯表示叙述；

⑦下躯表示鄙视。

（3）手势躯位使用的练习

手势上、中、下三躯，躯位的使用需要和场景相结合，在使用时，一般有一些需要加重的语调或关键词，当说这些关键词的时候，就可以同时配合以手势，下面就是一些相关练习：

①一只手，手心向上中躯。

例如，描述语句：我早期的生活经历像流动的小溪，我在里边尽情玩耍。在这个句子中，为了突出其中的“流动的小溪”，就可以一只手手心向上，将手放置于中躯来达到这个效果。

再如语句：真情、荣誉、正义是他的动机。要突出关键词“正义”，也可使用这种方法。下面的手势躯位练习中，配合手势练习时需要加重的重点词使用黑色下画线标注。

②两只手，手心向上——中躯。

例句1：向所有的人宣布这一消息。

例句 2：让我们奏起欢乐的音乐，跳舞吧！

③一只手，手心向上——上躯。

例句 1：乐曲的音调越奏越高。

例句 2：攀登吧！无限风光在险峰。

④两只手，手心向上——上躯。

例句 1：你这美丽的国土，我又回到了你的身边。

例句 2：欢呼、跳跃吧！我们成功了！

⑤一只手，手心向上——下躯。

例句 1：伟大的人物也是躺在他们倒下的地方。

例句 2：他这人太卑鄙了，无法和他相处。

⑥两只手，手心向上——下躯。

例句 1：高大的建筑物突然陷入地下。

例句 2：仁慈的人大声疾呼："和平！和平！"但是没有和平。

⑦一只手，手心向上——中躯。

例句 1：月光洒落在小溪和树林上。

例句 2：沿着这寂寞的小路，他快步走去。

⑧双手，手心向上——中躯。

例句 1：死一般的沉寂笼罩着大地。

例句 2：她轻轻地躺倒在草地上，仰望着蓝天。

⑨单手，手心向上——上躯。

例句 1：风助火势，火乘风威，火苗越蹿越高。

例句 2：他们对城市即将面临的危险丝毫不知。

⑩双手，手心向上——上躯。

例句1：夜幕笼罩了群山。

例句2：环绕他的四周，升起了无形的墙。

不管在什么地方讲话，假如有语言参照的话，要把所讲的话中的重点画横杠，然后在表述的时候重点表达。在表达任何语言的时候，也应该刻意地注意使用一些手势语言，例如对母亲说："妈，您炒的菜太好吃了！"这时就要手舞足蹈，"妈，今天是您的生日，让我为您唱支歌吧！"这种感慨也要敢于表达。在生活当中，"人生是条单行线，一江春水向东流"，该表达的爱要尽快地表达出来，该表示歉意的地方也应该随时表达出来。

有一首小诗：

一直以为，幸福在远方，

在可以追逐的未来，

于是，我的双眼保持着眺望。

我的双耳仔细聆听，唯恐疏忽错过。

后来才发现，

那些握过的手、唱过的歌、流过的泪、爱过的人，

所谓的曾经就是幸福。

因此，一定要珍爱自己的生命，从容不迫地往前走。幸福在哪里？就在来时路上那点点滴滴，成功是预期结果的获得，不论大小，不论多少，只要获得，就是幸福。

有了这种心态，则生活的快乐就能渗透到话语中，说话就能够

充满激情，态势语言也就能“相由心生”，就能实实在在地感动听众，就能使演讲取得成功。

3. 态势语的原则

态势语的原则是：一切做开放式动作，除非特定内容，一般不做封闭式动作。

除非特定内容不做封闭式动作，这就要求做大气的动作，大大方方地表达，要挥手就挥出去，要举手就举起来，洋洋洒洒，这是一个基本的原则，因为态势语包括肢体语言的很多成分，头仰到什么程度代表什么，攥着拳头又代表什么，在进行训练的时候，可以先不考虑这些因素，尽量地放开自我去表达。

“手舞在先，眉飞在后”，在实际训练时，我们要以练手势为主，面部表情为辅。在做动作的时候，面部表情自然也跟着配合。以“手舞足蹈”带动“眉飞色舞”。

第四节　演讲基本功：口语表达训练

发声与正音训练的目的是获得良好的音质，说出标准的普通话。人的声音是由声带振动后产生的，所有声音的产生都需要振动，发声要具备以下三个条件：第一要有发声装置，以二胡为例，它的发声装置是琴弦；第二要有外力装置，例如二胡发声的外力是琴弓子；第三要有共鸣装置，例如二胡发声的共鸣装置是琴筒。

人的发声系统是声带，外力装置是呼吸，通过呼吸冲击振动声带发声，共鸣装置则是口腔、咽腔、胸腔、鼻腔等许多部位，就像一套音响设备。

通过训练，可以使自身拥有良好的音质，这样才能说出标准的普通话。没有良好的音质，没有正确的训练方法，要学习标准的普通话是不可能的。

1. 发声训练：力度、响度、共鸣

如果问，一副悦耳动听的好嗓音应具备哪些特征，训练时应从哪几方面入手，下面三点很重要。

（1）力度

工作中，我们发现，有些人在当众讲话时老是软绵绵的，甚至还带有含糊不清的味道。如果此人是领导，会给人一种缺少魄力和信赖感的印象。为什么会有这种错觉，原因就在此人吐字没有力度。

如何训练才能让自己说话有力度，有穿透力，有震撼力？简单的方法是高声朗读针对性训练材料。

训练材料：［ā］［ī］［ū］、［bā］［bī］［bū］、［pā］［pī］［pū］、［dā］［dī］［dū］、［tā］［tī］［tū］

具体要求：在高声朗读这篇材料的时候，声音要短促有力，感觉每个音节都是从嘴巴里跳出来一样；进行声音力度练习，每人朗读3遍。

（2）响度

我们发现有些演讲者的声音很洪亮，长时间说话声音也不沙哑，

并且随着感情的变化，声音也随之改变，并表现出很好的弹性（伸缩性和可变性），非常羡慕他们。其实，声音的这些优点也可以通过训练得到，并且训练方法也不难。

具体步骤：当深呼吸吸满气后，屏住呼吸，用双手围成一个小喇叭，放在嘴边。然后张开嘴巴，发［ā:］这个音节，按音乐的音阶（1234567）逐渐变高。

具体要求：发声的过程中，声音要连续，直到将气慢慢呼完，并且不能出现沙哑、尖声的情况；如果是第一次训练，不能拼命喊，以免晕倒；训练次数为 1 次。

（3）共鸣

根据发声原理，我们知道，说话时声带所发出的喉原音本来是很微弱的，它是在经过共鸣腔处理后，才开始变得悦耳动听。在日常工作中，一些有经验的用声者，他们发音不费力、声音优美，还可以根据需要而变化自如，是因为他们已经熟练地掌握了共鸣的调节技巧。

这就告诉了我们，尽管一个人的发音器官是天生的，无法改变的。但共鸣的调节却是可以通过后天的训练而得到改善。

声道的共鸣腔一共有 5 个，分别为喉腔、咽腔、口腔、鼻腔、胸腔。而在这五腔当中，发声的共鸣效应最主要发生在口腔，其他腔体的共鸣必须在口腔的配合下才能实现。另外，胸部共鸣虽不参与语音的制造，但它能使音量增加，听起来洪亮、浑厚而有力。

所以，我们训练的目的是以口腔和胸腔为主。训练方法如下。

胸腔共鸣训练：首先降低声音发六个单元音［ā］、［ō］、［ē］、［ī］、［ū］、［ǖ］，体会一下胸腔共鸣的加强；接着提高声音再次发六个单元音一遍，体会胸腔共鸣的减弱。总次数为两次。

口腔共鸣训练：发短促的音节［bā］、［pā］、［mā］，次数为两次。

混合共鸣训练：用双手围成一个小喇叭，放在嘴边。然后张开嘴巴，发短促音节［à］，连续10次。

2. 正音训练：方音辨正、绕口令、活舌操

正音有以下两方面含义：一是学会用普通话演讲，最佳办法就是找出自己的方言与普通话之间的声母、韵母、声调方面的对应差异，改善之；二是针对吐字含混不清、不能归静的情况提出训练要求：由慢到快绕口令，坚持做活舌操，进行方音辨正。

使用诙谐幽默的语言能让自己的表达取得意想不到的效果。

有一次，外国记者想取笑中国人，向周恩来总理提出这么一个问题："请问总理阁下，中国人走路为什么都低着头？我们西方人走道从来都是抬着头。请问，这是怎么回事？"周总理一琢磨，发现了这个记者的意图，就对他说："我告诉你啊，这说明中国人民在走上坡路啊，在上坡的时候我们攀登，重力前移，才能往上攀登，你们这样是在走下坡路的。"

还有一个记者又问道："请问总理阁下，中国人为什么管自己走的路叫马路？"总理很洒脱地说："中国人民走的是马克思列宁主义

道路，简称马路。”

在尼克松访华的时候，他们在周总理办公厅的办公桌上看到了一个美国生产的派克笔，于是记者又问：“总理阁下，您也用我们的派克笔？”总理说：“不好意思啊，这是朝鲜战场上缴获的战利品。”周总理以他幽默智慧的语言，使这些想刁难他的记者无言以对。

（1）方音辨正

方音辨正是指由方言变为普通话的过程。普通话演讲训练要求找准自己的方言与普通话之间的声母、韵母、声调方面的对应差异，然后针对问题进行改善。

普通话的训练不是一蹴而就的，要长期不懈地坚持训练，才能使发音得到纠正和提高。方音辨正可以从以下三个方面进行辨正：

①声母辨正：z、c、s、zh、ch、sh、n、l 等，例如通过对单词“支持与字词、实说与思索、哪里与拉犁”等容易混淆声母的发音练习，由慢而快地练习准确发音。

②韵母辨正：en、eng、an、ang、un、ong 等，例如单词“认真与人证、安全与昂扬、温暖与隆冬”等就是韵母辨正中容易出错的发音。

③调值辨正：阴、阳、上、去、轻声。例如“妈、麻、马、骂、吗”这几个词，发音都是 ma，但调值不同，所代表的字也就大不相同，需要通过多次反复地练习发声来进行区别。在训练的过程中，可以借助类似“妈妈骑马，马慢妈妈骂马，妞妞骑牛，牛扭妞妞拧牛”这样的绕口令来练习。

有一个故事，讲一个哈佛大学的经济学博士在墨西哥海边上看海景时，看到一个渔夫摇桨拨橹，划着一个小船过来了，他就想，这么简陋的设备怎么能打到好鱼。

于是他跟这位渔夫简单地寒暄几句以后，问对方用多长时间打鱼，对方说没用多长时间，他又问："你今天怎么不用很多时间去打鱼?"渔夫回答："我打的这些鱼已经够我一家老小生活得很好了。"他接下来又问对方剩下的时间干什么，渔夫说："我回去跟我的孩子们玩一会儿，中午跟老婆睡个午觉，傍晚的时候到镇子上去跟朋友们喝喝酒，玩玩吉他。我很充实，很快乐。"

这个经济学博士说："我是学经济的，我跟你计划一下。你每天多拿一点时间去打鱼，那你就能打很多鱼，打鱼多了就有了更多的钱买个好船。有了好船就能打更多鱼，然后你就可以建一个船队。这样的话，你就可以在墨西哥城买房子，到城市居住，你还可以到海边去居住，也可以优哉游哉地跟你老婆睡个午觉，然后跟孩子们玩，到小镇上喝个酒。"结果这个渔夫说："转了一圈之后，还不是回到了我现在的这种生活。"

人类社会就像生、旦、净、末、丑，神仙、老虎、狗，一个人要成为什么样的角色，是由自己决定的，就像天平的两头，要付出与之对等的代价，要去感悟人生，要充满热情地训练，只有对自我充满热情，这种简单而枯燥的训练才能取得成功。

（2）绕口令

①作用：在口才、口语训练中既有趣又有效。对纠正发音、锻

炼舌肌十分有益。

②程序：由简到繁、由短到长、由慢到快。

③要求：清、准、快、连，也就是清晰，准确、快速、连贯。

对面有个白粉墙，
白粉墙上画凤凰，
先画一只黄凤凰，
后画一只红凤凰，
红凤凰看黄凤凰，
黄凤凰看红凤凰，
红凤凰，黄凤凰，
两只都是活凤凰。

（3）活舌操

活舌操是口语表达训练里的一个重要环节，活舌操是能锻炼舌肌的口腔操，坚持日久定会巧舌如簧，口齿清晰流畅。活舌操共分七节，其要领是：

第一节：嘴微开，舌尖抵上齿背沿上腭向后钩；

第二节：舌尖抵下齿背，舌面拱起沿上齿往外突，同时，用上齿轻叩舌面；

第三节：双唇紧闭，舌尖顶左腮、右腮，左右开弓，由慢到快；

第四节：舌头沿上下齿外围转圈，顺时针转几圈，再反时针转几圈；

第五节：将舌头伸出嘴外，舌尖向上卷，目标是够鼻尖；

第六节：嘴张开，让出空间让舌头做伸缩运动，做弹舌状；

第七节：嘴半张，伸出舌头做水平横向运动，使两边舌缘分别触到两边嘴角。

活舌操的练习要求严肃认真、一丝不苟，常练活舌操的人，可以使得肠胃溃疡不再溃疡，口气也会清新起来，家庭幸福指数也会提高，其好处很多，越练人的表情会越生动，讲话办事更加周密，促进表达也最有效。

3. 朗读式训练法

朗读式训练法的核心就是速读，这是美国前总统林肯使用的训练方法，其主要内容就是通过朗读锻炼口才。做法是“低声→高声→快速→模仿角色→面对听众”，也就是在开始阶段，先用低声速读，练习到低声速读不存在问题时，使用高声阅读，等高声阅读运用自如时，就使用快速阅读，然后再练习进入角色，模仿角色进行阅读，最后面对听众阅读，如此训练使林肯获得了空前的口才，也是他由律师迈向总统宝座的重要基石。

电视剧《亮剑》中有很多适合速读的经典台词，例如：

（对战士）我们团要像野狼团，我们每个人都要是嗷嗷叫的野狼！吃鬼子的肉，还嚼碎鬼子的骨头。狼走千里吃肉，狗走千里吃屎，咱独立团啥时候吃肉，啥时候改善伙食啊？那就是碰到小鬼子的时候！（战士哈哈大笑）

这段语言具有煽动性，马上就把独立团战士低落的士气给煽起来了，让战士克服了对鬼子的畏惧心理，鼓舞了八路军战士的斗志。

海尔总裁张瑞敏讲过一句话："人生在世，都愿意做一个不简单的人。"什么叫不简单？把简单的事认认真真地做好，这个人就不简单。什么叫不容易？把大家公认为特容易的事情认认真真、兢兢业业、不折不扣、任劳任怨地去做好它，这个人就不容易。

所以，干什么事都要进入角色，而进入角色要有很好的心态，懂得"人生在世定位很重要，不因自卑不到位，不因自傲常越位"的道理，对速读训练非常有益。

凡讲话的时候，要想更具感召力，更有影响力，嘴说到什么的时候，脑袋就要像过电影似的有画面感，让这些画面在脑海中流淌，深深地影响自己。

动物世界中很多台词都能让人产生画面，例如，"夕阳西下的非洲大草原，富饶辽阔美丽多姿，碧绿的青草散发着迷人的幽香，各种动物在尽情地奔跑着，跳跃着，一切都显得那么生机勃勃。"

再如贺敬之的《桂林山水歌》："云中的神啊，雾中的仙，神姿仙态桂林的山，情一样深啊，梦一样美，如情似梦漓江的水……"诗句文情并茂，是值得反复练习的典型训练内容。

通过这几段台词的演练，进一步说明进入角色是很重要的，每个人在世上都有很多的角色，此刻是老师，下一刻是学生，在妻子的眼里是丈夫，在儿子的眼里是父亲，在父亲的眼里是儿子，因此一个伟大的人提出来"心态好，事业成，不成也成；心态坏，事业

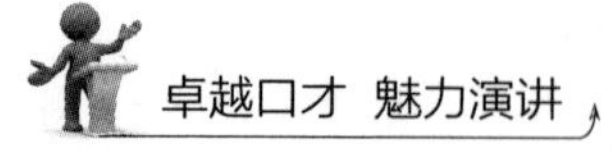

败，不败也败”。成败在于心态，成败在于每个人自己。

4. 梯级陈述训练法

梯级陈述训练法包括以下四个方面的内容，每个内容都有其特点和要求：

第一，复述，是直接用口头阐述，好似鹦鹉学舌。

第二，描述，是逐步摆脱依托材料并注入主观想象和感情色彩的陈述训练，做口头文章。

第三，解释，是由外在的形象性描绘转入内在机理的说明性训练，像读产品说明书。

第四，阐述，是梯级陈述训练的深化，要求善于概括，要达到口述电文的程度。

第四章

演讲口才技巧训练

第一节　口才练习八法

荀子曰："君子生非异也，善假于物也。"人生来都是一样的，聪明的人只是善于利用工具或者方法来达到自己的目的。训练口才也需要借助于"物"的帮助。这个"物"就是我们所说的方法。

口才训练八法指速读法、背诵法、练声法、复述法、模仿法、描述法、角色扮演法、讲故事法八种口才训练的方法。

口才不是天生的，而是后天锻炼的结果。只要我们不断注重、加强、提升自己的口才，我们就会拥有好的口才。不妨我们每天都讲一些话，在练习中纠正自己的错误。

1. 速读法

速读法就是快速阅读以提高口才的训练方法。

这个方法简便易行。准备一段新闻，迅速看一遍，然后大声念出来。第一遍可以念得慢一些，以便熟悉新闻的内容，之后逐渐加快速度，并达到最快的速度。

按照这个方法练习，能锻炼出伶俐的口齿，流利的说话，迅速的反应能力。说话不利索的人可以用这个方法来修正自己的短处。

2. 背诵法

背诵法是通过背诵来锻炼记忆和表达的训练方法。

背诵也是培养好口才的一个好方法。背诵不仅要记忆全部内容，还要能够诵读。在背诵中能够积累更多的话题素材，填补自己关键时刻大脑空白。“熟读唐诗三百首，不会作诗也会吟。”出口成章的原因是因为你平时通过背诵，大脑里积累了大量的内容。

背诵要像朗读一样，把文章用声音表现出来。声情并茂，不仅能够深刻理解作品，而且能够将作品更深地印在脑海里。背诵时，需要满足五项要求：背诵前，首先要理解作品的含义；背诵要用标准的普通话，发音、吐字准确；背诵过程中，语句要流利，加强语音、语调、停顿重读等技巧的提高；背诵要投入感情，以情动人；背诵时，加上一些肢体语言，增加感染力。

3. 练声法

练声法是像歌唱家一样通过练声调嗓子，使得自己的语气声调有所完善的训练方法。

4. 复述法

复述法是从书面表达向口头表达转移的训练形式。分提纲式复述、细节式复述、完整复述。好似“鹦鹉学舌”，一般包括四个方面的内容：复述→描述→解释→阐述。

复述法不需要一字不差，但是要抓住重点进行概括。复述法能够训练听说能力，重点是加强口语表达，说话时重点突出，并具有连贯性和整体性。

在练习时，需要别人帮忙。先让别人把选好的文章读一遍，认真听，并记忆内容。然后根据你的记忆复述一遍。接着让别人再重新读一遍，看看自己有没有遗漏，再复述一遍。反复地听，反复地复述。

在练习时，不需要一个字、一句话全部不漏地记住，要记住文章的主要内容，抓住基本情节，不要在意是否记住了某一句话。

在练习时，要灵活运用自己的语言来描述，能够准确把握文章的中心思想，意思上可以小有出入，但是表达的意思不能和原文产生矛盾。

要注意语言的整体性和连贯性，提高口语表达能力是关键。在练习时，不要急于求成，要掌握难易程度，循序渐进，勤加练习。

5. 模仿法

模仿法是通过学习别人的声调，或学习其他各种发声来锻炼模仿能力，从而提高口才表达的训练方法。

在电视中，不乏好口才的人有很多，选择一个你喜欢的人，去模仿其说话，吸取其优点，在模仿中学习、进步。只要我们勤加练习，时间一久，就能侃侃而谈，滔滔不绝了。有几类人可以参考成为模仿对象。

（1）广播电视节目播音员和主持人

这些主持人大多数科班出身，受过正规的说话训练。他们说话字正腔圆，反应敏捷，词汇丰富。你可以模仿他们的吐字发音技巧，注意他们的语速。

（2）影视作品中的经典对白

在影视剧作品中，很多人物或者激昂陈词或者侃侃而谈，给观众留下了很多经典难忘的台词。我们可以模仿那些经典对白，注意演员的语气，学习他们的语音、语调，同时注意他们的肢体语言，模仿你认为好的表情和动作。

（3）生活中口才好的人

相信在你身边肯定有很多口才好的人。你可以“近水楼台先得月”，向这些人模仿。随时随地地模仿身边的人，注意他们的神情、动作，将他们的话记在心里，为自己谈话积累素材。

在模仿时，要有分辨能力，知道哪些是好的，该学的，哪些是不好的，不能模仿的。模仿的原则是吸收优点，完善自己，摒弃不好的东西。在模仿中进步，最终形成自己的个性。

6. 描述法

描述法是在复述的基础上加入部分感情色彩，属于复述法的分支。

情景描述法是指将你看到的事物、人物、风景用自己的语言描述出来，重点培养语言组织能力和描述能力。简单地说，就是我们上小学刚开始写作文时的看图说话，但是要比看图说话的要求多。运用场景可以是亲身经历的，也可以想象，创造场景。

场景描述法适合于平时的聊天，这种方法要求观察周围的事物，并抓住事物的特点进行描述。在描述过程中，尽量使语言生动活泼、富于文采，不能简简单单、空洞，三两句话完事。

比如描述一位女明星的美，不能堆砌一些空洞的感叹，要抓住重点，像皮肤好、身材好、眼睛大等，然后用形容词来点缀，再加上周围人的骚动来加以烘托。

7. 角色扮演法

角色扮演法是将自己设身处地地假设为角色本身，然后来进行表达的训练方法。

设置一个交流的场景进行实战演习。很多场景，比如：面试、会议主持、打电话、谈判等，设定这样的场景，能让人有身临其境的感觉，有针对性地进行对话练习，培养语言适应能力。通过练习，可以在实战中随机应变、灵活应对。

8. 讲故事法

讲大道理不如引用一个小故事更能说明问题，让大家走得更近。

讲故事法可以使用原来的故事，也可以根据现场需要临时编排，需要注意的是，故事只要能表述自己的意思就可，但一般也要流畅、以通俗易懂为佳。

以“老虎不在家，猴子称大王”为主题，可以讲这样一个小故事。

山里头有一对老夫妻养了一头驴子，这头驴膘肥体健，被山里的小偷和老虎同时惦记上了。在一个月黑风高的晚上，老虎来吃驴，纵身一跃翻到了院内，刚一着地就听到老两口在对话。老太太说：“老头子啊，门拴好了没有？我听外边有响动，不要让老虎进来把咱们的驴吃了。”老头说：“哼，老虎倒不怕，就怕下雨时间长了屋漏。”老虎刚一着地，听到老夫妻说老虎倒不怕而是怕屋漏，便开始琢磨屋漏是什么东西。

这时候小偷来偷驴，蹑手蹑脚进来以后看见一个庞然大物，于是纵身一跃，跳上虎背，老虎以为这是屋漏，撒腿就跑，小偷则觉得这只驴力量强劲，特别高兴。但是在天蒙蒙亮的时候，他发现胯下不是驴而是老虎。于是在路过一棵树下的时候，小偷纵身一跃上了树，老虎觉得背上轻了，但也不敢停下来，于是继续跑。跑到深山碰到小猴子，猴子说：“虎大王，何事惊慌？”老虎把碰到屋漏的事一五一十地讲了一遍，并说把自己给吓得够呛。猴子很聪明，说：“虎大王，我认识屋漏，您带我去看看，如果是屋漏，我就冲你眨眼睛，然后你再跑不迟；如果不是，别让它们把你蒙了。”老虎觉得有道理。于是猴子大摇大摆地骑上虎背往回走，走到树下的时候，看见这个小偷还在树上直打哆嗦，猴子觉得果然不出所料，想到平常老虎总欺负自己，要借这个机会敲打敲打老虎，于是跳下虎背对老虎直眨眼睛，老虎吓得赶快又跑了。

一个星期之后，老虎在山里又碰到了猴子，就问："哎，猴子，那屋漏呢?"猴子说："屋漏谁都不怕，就怕我猴子。"虎大王觉得屋漏怕猴子，于是要让出宝座给猴子，猴子百般推辞，最后达成共识，说老虎不在的时候猴子当大王，这就是"老虎不在家，猴子称大王"的来历。

第二节 你真的把话讲清楚了吗

1. 演讲时要用短句

林语堂有句名言："演讲要像女人的迷你裙，越短越好。"这句话的意思是说，演讲不需要长篇大论，如果能在最短的时间内，用最少的语言把你想要传达的意思说清楚，那么你的演讲会更受听众欢迎。

事实上，这句话对于演讲语言同样适用。我们在演讲中如果能够多用短句而不是长句，那么我们的演讲表达就会简洁明快，不但自己说得轻松，听众也听得轻松。

下面这两段意思一样、语句不一样的演讲，可以让我们更清晰地看出用短句和用长句的区别：

案例一：

我内心很不平静地站在这个特殊的讲台上进行演讲，虽然我工作九年来并没有干出过什么轰轰烈烈的事情，但是我可以自豪地、问心无愧地说我爱护自己的每一个学生并为他们的成长倾注了感情。都说人的一生中能遇上几位好老师是莫大的幸福。我希望我的学生因为遇到我、受到我的教育而倍感幸福。

案例二：

站在今晚这个特殊的演讲台上，我的内心很不平静。参加工作九年来，虽然我没有干出过什么轰轰烈烈的事来，但是我可以自豪地、问心无愧地说，我一直用心关爱着每一位学生，用心关注着学生的成长。有人说，人的一生中能遇上几位好老师是莫大的幸福。我希望我的学生幸福。

把这两段话都朗诵一遍，你会很明显地发现第二段要比第一段听起来更顺畅。为什么相同的演讲内容会给人不同的感觉呢？最主要的原因在于前者主要用复杂的长句，而后者多用短句。

2. 一次只说一件事

你越是想要把所有的意思一次表达出来，就越是表达不清楚。这种现象不仅在演讲中出现，在企业的日常管理中也会常常存在。比如，有的部门主管在给下属交代任务的时候，会发现下属往往不能如期完成。哪怕你给员工一讲再讲，他们还是会犯同样的错误。到最后，你只能感叹员工“太笨”。

其实，员工并不笨，笨的是领导。聪明的领导，在给员工交代任务时，一次只会要求一件事情，比如想做产品时，只谈产品，反复谈，反复要求，直到确定了大家都知道怎么做，并能如期按照要求完成时，他才会放手，然后再要求下一件事。

有些领导什么样子呢？他们会同时给下属交代许多事情，设定许多目标，然后希望下属同时实现这些目标。结果，下属虽然忙得团团转，最后还是一件事都做不好。因为要求太多了，做事时难免会顾此失彼，想起这个忘了那个。

演讲同样如此。除了领导及一些专业演讲家，大多数人都很少有机会上台讲话。正是因为上台讲话对很多人来说是难得的机会，所以不难理解，他们一旦上台，就会倾向于“有很多话要说”，而这恰恰是许多人演讲搞砸了的根本原因。

无论演讲时间长短，无论你有多少话要说，你在演讲时必须遵循一次只讲一件事的原则。那种“花开两只，各表一朵”的技巧，只适用于小说写作，并不适用于演讲。因为演讲要想达到良好的效果，你必须保证“主题鲜明”。

3. 语言不好没关系，但要讲得真实

很多人在做演讲时，讲得如何气势磅礴，如何“充满感情”，但其内容往往是空洞的，除了华丽的语言词汇，往往并没有真实的内容来支撑其演讲，所以其往往难以打动听众。

而有些人则不同，他们可能语言不华丽，说起话来也是磕磕绊绊，甚至需要思考很久才能说出一句话来，但是他们说的都是自己

真实的想法和感受，所以他们更能够打动听众的心灵。

2005 年，台湾亲民党主席宋楚瑜来到大陆。他在清华大学做演讲时，一直是近乎在念稿子，看上去不擅演讲。可是，在他演讲的过程中，台下的听众不断爆发出热烈的掌声。

显然，打动台下听众的并不是他的演讲口才，而是他在演讲中传递出来的那种血浓于水的两岸亲情，是那种发自内心的“真实”。

事实上，无论是应用类演讲还是为演讲而演讲，“真实”都是最基本的要求。和写作一样，演讲也包括内容和形式两个方面。为演讲而演讲，重视的是形式，是演讲技巧，至于演讲内容，反而不太被人看重。

所以，对那些偶尔需要站在公开场合演讲的人来说，语言不好没关系，只要你能讲出自己真实的想法，保持你自己的风格，你一样可以赢得听众的掌声。

4. 多用定义，少用推理

“实力”怎么解释？

马云这样解释：“实力就是抗击打能力，你怎么打我我都不倒，明天又来了。”

“实力”的另一种解释是：物质本身所具有的一切存在就称作物质的实力或能力，物质基本粒子的多少称作物质实力的量，物质的运动方向就是实力的作用方向。自然都是物质，物质都有实力，只有物质具有实力。

这两种解释，你会喜欢哪一种？显然，我们大多数人都会喜欢马云对“实力”的解释，虽然它不够准确，不够专业化，但是它更容易理解，更容易被记住。

在阐述一件事情的时候，要多用定义而少用推理，这是马云演讲中的一个基本技巧。

有些人在演讲的时候，为了说清楚自己的观点，或者为了证明自己观点的正确性，会使用一些推理性的语句。这看起来逻辑性很强，实际上却会影响演讲的效果。

因为人们在听的时候，很难记住一个推理严密但语句很长的句子。反之，如果我们用定义性语句来阐述一个观点，听众就比较容易记住。

定义之所以简单易懂，容易被人们记住，就是因为它只阐述结果，但不告诉你这个结果是如何来的。而推理则因为要把结果产生的原因一一阐述明白，所以就需要严谨的演绎推理和归纳推理，结果就会导致讲的人心里清楚，听的人心里糊涂。

第三节　完美的口才离不开互动

1. 不要一个人唱独角戏

演讲者与听众的关系，其实是“秤不离砣、砣不离秤”的关系，演讲者是信息和观点的传播者，而听众则是信息的接受者。因此，高明的演讲者，首先是一个善于倾听之人，他能深刻地洞悉到听众的心理，当他们在面对听众时，往往一句话就能说到听众的心坎里。

任何一名演讲者都应该清楚地认识到：你要想让听众接受你的看法和观点，那么你就要与听众维持一种亲和而友善的关系，通过循序渐进的方式去引导你的听众，呼吁他们认同你的思想和价值观念。而在这个过程里，与听众互动是必不可少的一个环节。

倘若你只是独自在台上滔滔不绝，而将听众当作一面墙、一棵树，让他们被动地接受你的观点和思想，你一定不会收到良好的效果。因为在你的演讲中，听众绝不是被动接受的“收听器”，你的演讲是否成功，完全取决于听众主观能动的认知，取决于听众对你传播的信息的接受程度。

让听众心悦诚服地乐于接受你的观点，就要时刻跟他们保持良好的互动沟通，让听众将所有的注意力投入和参与到你的演讲之中，通过与听众的互动和沟通，让他们发自内心地进入到你的演讲情境之中，从而引发他们对你演讲的共鸣。

世界著名男高音演唱家多明戈，每当他上台表演、面对听众时，他总是时不时地挥舞着双臂，对此你可能会觉得司空见惯，但这个毫不起眼的手势，却让所有听众的目光都集中到了多明戈身上，使其全神贯注地听他演唱。

此外，这个手势还有一层特殊的用意，那就是暗示和鼓励听众为他鼓掌……本质上讲，多明戈此举就是一种无声的互动，他在用肢体语言与听众进行互动交流。

在演讲时，听众未必都是自己熟悉的，而演讲者的观点可能也会跟听众固有的思维有些差异，甚至冲突。换而言之，演讲者和听众之间是存在一定程度上的陌生感的，那么，如何消除这种陌生感，拉近与听众之间心灵上的距离，最有效的途径，就是与听众进行互动。

与听众进行互动，还可以营造和烘托活跃的演讲气氛。我在一些比较轻松的演讲活动中，总会在发言之前表明自己的态度："我喜欢讲话随意一些，如果大家有什么问题，随时可以向我发问。"我会尽量让听众相信，在接下来的时间里，我会融入到他们之中去，我会在演讲的这段时间里解答他们所疑惑的地方。

演讲者在融入听众之中的时候，其实也正是听众融入到演讲之中的过程。这种互动的方式往往能够取得很不错的效果。从心理角度讲，作为一名听众，当他知道演讲者愿意拿出时间来解答他们心中所想，或者是所关心的问题，他们会对这位演讲者心存感激，会对他更为尊重，因而听众会专心致志地听他的演讲。

出色的演讲者，往往会在上台演讲时向听众抛出一些问题，然后让听众回答，以这样的方式引出演讲的主题内容，继而阐述自己的观点和看法，表达自己的内心情感，这样就营造了活跃的现场气氛，而且在情感上与听众形成了互动，最终产生出不一样的演讲表达效果。

2. 问得好，才能答得好

提问和回答构成了人们最基本和最重要的语言交际活动，通过提问和回答，可以获取信息，交换意见和交流思想，沟通感情，增进彼此之间的了解。

人们通过提问和回答实现语言的交流，怎么问，怎么答，里面的学问很多。向别人提问的时候，态度要诚恳，用语要礼貌。无论对象是谁，都要待人友善，充分尊重对方，说话避免使用粗俗、不文明的语言，不打探别人的隐私。在交谈中，要表现得热情大方，但也要把握好度。过于冷漠和拘谨会产生隔膜，难以沟通；过分的热情会使人感觉做作，无所适从，使人产生戒备之心。

不管向别人提问还是回答，都要谦虚坦诚。为人谦虚会给人留下很好的印象，向对方提问时，才能得到有效的回答。回答别人时，要坦诚，实言相告。

对于不同的场合和不同的对象，提问和回答的方式也不同。在工作中，不适合聊私生活；在娱乐的时候，不适合聊工作上的问题。在年长者面前，说话要谦虚；在年幼者面前，说话要和蔼可亲，诱导启发。

提问前，要先把问题思考清楚，使自己的表达有条理，让人一听就明白，在回答别人的问题时，要善于思考，反应敏捷。

(1) 以“问”开头，引起听众的注意

演讲的开头是非常重要的，倘若在一开始就能赢得满堂彩，就意味着你的演讲已经成功了一半。以提问的形式来开场，不但可以抓住听众的兴趣点，引起他们的好奇和注意，对你的后面的演讲洗耳恭听，而且也显得你的讲话干净利落、坦率直爽，会给听众留下较好的印象。

复旦大学曾经举办过一场以“青年与祖国”为主题的演讲比赛，一位同学在演讲中就是以提问的形式开场的：“同学们，我向大家问一个问题：对于青年与祖国的关系，如何以一个字来概括出来?”

台下的同学有的在沉思冥想，有的在抓耳挠腮，有的在抬首望天，有的说出了自己的答案。过了片刻，他回答了自己的问题：“我的回答是‘根’！我们青年，以及所有的炎黄子孙都有一个共同的‘母亲’那就是中华民族。我们都是中国民族的子孙，都是她的根!”话音方落，全场响起一片热烈的掌声。

一句很简洁的话语，精辟地概括出了青年与祖国的水乳交融的关系，以设疑的形式十分巧妙地吸引了听众的注意，给人留下非常深刻的印象。

（2）以“问”引向高潮，让听众热血澎湃

真正成功的演讲，可看作一场思想和激情交汇的盛宴。这不仅要求演讲者要有独特的思想和内涵，而且需要听众对其演讲感到激情澎湃、精神振奋，如果达到了这种效果，便可看作演讲的高潮。如何做到这一点呢？演讲者不妨以提问的形式推波助澜，引导听众进入演讲的高潮。

萧伯纳曾在一次演讲中这样说：“青春不是一支短命的蜡烛，而是一支火炬，我们要擎起这支火炬，让它发出耀眼的光芒和无穷的热量，然后传递给我们的子孙后代。那么，我们应当怎样让手中的火炬烧得更旺一些？我们如何让自己的青春绽放出更多的热量？我们怎样才能无愧于自己的青春和生命？愿诸君深思呀……”

萧伯纳在演讲中一连串的提问，有如惊涛拍岸，气势雄浑，有如空谷足音，引人深思，听众们也在他充满激情的话语中心潮澎湃、热情洋溢，全场响起一片雷鸣般的掌声，将演讲的气氛推向了最高潮，这就是提问互动在演讲中所表现出的鼓动力量。

（3）以“问”结语，令听众充满遐思

精彩的结束语往往会给听众留下无穷的回味和遐思，给人以深刻的印象。以提问互动的形式作为结语是演讲活动中比较普遍的结束方式。以“问”结语的妙处就在于，不仅可以对应主题，而且能够引发听众的深思，加深听众对演讲的印象。

在一次以“维护社会正义，匹夫有责”为题的校园演讲比赛中，一位同学在演讲的尾声这样说道：“亲爱的同学们，在演讲即将结束的这一刻，我要说，只有懦夫才会对不义之举一再忍让。面对社会上的不义之徒，亲爱的同学们，你还会视若无睹吗？你还要袖手旁观吗？你到底要忍耐到何时？”

这位同学一连用了三个问句，表达了自己内心对不义之举的愤慨和不平之气，同时也是对听众的当头棒喝，如暮鼓晨钟般叩响了听众们的心扉，即使她的演讲结束了，听众们仍然在深思着她所提出的问题，达到了“言有尽而意无穷”的演讲效果。

总而言之，提问互动法在演讲中发挥着非常重要的作用，只要我们善于揣摩和运用，就一定能引起听众们的注意，在情感和思想上与他们产生共鸣，从而让你的演讲引人入胜！

3. 讲话内容要随着听众调整

李敖曾用八个字来评价胡适先生的演讲——不能不听，不能再听。为何“不能不听”呢？像胡先生这样有名的大学问家，他的演讲怎能不听呢？不听就是一种损失；而为何“不能再听”呢？听了第一次，再去听第二次、第三次的时候，还是那些陈词滥调，没什么新鲜的内容。

李敖的评论不免有其狂妄与苛求的成分，但我们却可得出一个结论：千篇一律的演讲是不可能获得成功的。演讲的对象是台下的听众，每次演讲时，我们的听众是存在着差异的，比如在知识、行业、背景、学历上的差异，因此，针对不同的听众，你的演讲必须要灵活地进行调整，即便演讲的主题是完全相同的，但是在内容和风格上必须要适用于不同人群和听众。

一言以蔽之，就是要求我们在演讲时学会因人制宜，到什么山头唱什么歌！因为在演讲时，我们要面对知识水平参差不齐的听众，因此我们要顾及每一位听众的感受，随时调整自己的演讲策略，以便令每一位听众都能听得明白。

美国著名的演讲家罗素·赫尔曼·康维尔曾经做过6000多次励志演讲，然而演讲的主题却只有一个——如何寻找自己（Know yourself）。你可能会觉得，一个主题演讲居然要重复这么多次，恐怕听众听得耳朵都起茧子了吧？怎么可能还会有人去听他的演讲呢？

然而事实上并非如此。康维尔博士的演讲每次都是座无虚席，听众听得津津有味，是什么原因呢？因为他的每次演讲都不一样，尽管同一个主题，但是在内容上却存在着很大的差异。康维尔针对听众在背景、阶级、知识、专业上的不同，制订了具体的、有针对性的演讲方案，因此他的演讲内容活泼生动，能够跟听众维系着非常愉快的沟通关系。

他曾经回忆道：“我每到一个城市或小镇，在做自己的演讲之前，我都会跟当地的经理、校长、牧师、售货员等不同的阶层进行接触和交流，了解当地的风俗和历史，然后我就会在自己的演讲中掺杂一些他们感兴趣的东西，这是我屡试不爽的经验。”

尽管这一主题被康维尔博士讲了6000多次，但它却公认为是最受欢迎的演讲之一。倘若你有耐心看完他所有的演讲词，你就会发现，每篇演讲词都是完全不一样的，你根本找不到任何相同或类似的副本！

我们之所以很难掌握演讲的艺术技巧，其原因就在于，我们要面对不同的人群和听众，因而在演讲技巧上就没有固定的模式和标尺，只能需要我们“因人制宜”，针对不同的听众，寻找和选择出适用于他们的演讲策略。因此，在演讲以前，你不妨先对听众的心理、性情、教育背景、成长环境等，有一个初步的认识和掌握。

由于听众在自身条件上的差异，他们对于某一种观点的接受度和敏感度也都不尽相同。比如说，面对那些接受过良好教育的精英分子时，如果讲得过于通俗而肤浅，他们往往会不屑一顾，他们更倾向于“抽象性”的交流和沟通；若是面对一些文化层次相对较低的人，你若一味地在他们面前大谈一些高深的理论，他们只会听得一头雾水，因而就不能理解你的观点和思想。

演讲之前，了解对方的性格是非常关键的一个环节。所谓“物以类聚，人以群分”，如果想要接近一个人，最好的办法就是体察出他的性格，然后投其所好，这样往往能迅速博得对方的好感，与之一拍即合。因此，根据对方的性格去决定自己讲话策略，这是一种非常有效的途径。

第四节　要想会说先要会听

1. 最会说的人，也是最会“倾听”的人

一个好的演讲家一定也是一个善于倾听的人。因为只有倾听别人，才知道对方心里在想什么，才知道对方想听什么话，才知道听众是不是了解了自己的意思。只有这样，才能说出得体的话，走进对方的心里，真正让自己的话对听众充满吸引力。

而那些在谈话的过程中只顾自己滔滔不绝地讲，不给别人发言余地的人，其实只是在炫耀自己。他们是自私的，根本不会顾及听众的感受。这种人企图让自己完全掌控说话的主导权，本来就是不尊重听众的态度。任他们再如何慷慨陈词，如何神采飞扬，听众回应给他们的往往是冷漠的态度，或者给予驳斥、回击。

所以学会倾听是让听众接受自己的第一步，在与他人交谈时，一定不要一个人唱“独角戏”，否则，自己只会成为孤家寡人，失去

所有的听众。那说出来的话再好听都没有意义了。

一位学者曾经十分形象地用标点符号作比喻，提醒人们说话的原则。他说："要成为一个受欢迎的谈话者，不要用冒号，那意味着你要说的是小标题；避免用分号，那表示的是你事后的思考；可以多用句号，那表示你说完了；特别要用问号，那表示你将邀请别人谈话。"

这位学者讲的就是说话的时候要多倾听别人的道理，避免自己的一言堂。

其实，有的人口才真的很好，他们口齿伶俐、见解独到，但往往吸引不了别人。这是因为他们在说话的气势上太过凌厉，一心想压倒别人，这带给听众一种非常不舒服的感觉，一听其讲话就有排斥的心理。

另外，他们太急于把自己知道的东西说出来，不希望别人打断，看起来像在过度表现，虽然主观上没有不尊重别人的意思，但实际上已经造成了不尊重他人的事实。

所以，在谈话的过程中，我们首先要做一个听众，然后再做演讲者。乐于倾听，善于倾听。能从他人的言语中判断这个人的文化修养，说话风格，说话思路。从微妙的语言中捕捉到他的感情态度，他的心理需求，他期待自己给予其怎样的回应。

这样，轮到自己说话的时候才会有的放矢，知道自己该说什么，不该说什么。说出来的话就会大方得体，得到对方的喜爱。

对于倾听的重要性，很多人都深有感触。

央视主持人刘建宏有一次在北大演讲，当讲到口才时，他告诫北大学生要做一个耐心的倾听者。他认为，很多人对口才的认识走入了误区。他说："很多人以为谈到口才就是要训练自己的表达如何有技巧，如何华丽。殊不知，更高的境界在于听。因为沟通不是一个人的事，它有着互相对立却又互相平等的双方。既然一方在说，另一方就必然需要去听。你永远都不可能一直说下去，因此，培养听的能力也是口才的一个重要组成部分。"

刘建宏还认为，如果一直在说，自己的技巧就永远停留在原地得不到进步。而倾听别人，一方面可以让自己的耐心得到最大限度的扩展；另一方面也是更加重要的，可以从倾听之中学到不少关于表达的技巧。

刘建宏的见解一针见血地指出了倾听的重要性，倾听不仅是在尊重别人，更是在提高自己。只有学会倾听，才能培养高超的口才。

（1）在倾听别人的谈话时，要专心、集中精力

倾听时，要停下手头的工作，集中精力听取谈话的内容。应该尽力避免外界环境的干扰，避免被别的事情打扰和分散注意力。专注的倾听，才能让说话者感觉到你的诚意。

（2）倾听需要有耐心

即使说话者的语言表达有所欠缺，或者比较凌乱，但也应该保持足够的耐心。

（3）在倾听时，要与说话者保持良好的互动

应该对对方说的话表示出极大的兴趣。在对方讲话时，你应该

注视对方的双眼，并适当运用一些肢体语言，如点头、微笑、手势等，来表示你的专注和关心，调动对方说话的积极性，鼓励对方继续讲下去。

（4）把一切都听进来

我们所说的倾听，不仅仅是用耳朵去听，还要用心理解对方所说的每一句话，判断对方说话背后的动机。倾听要做到“眼到、耳到、心到、脑到”。在倾听时，不要考虑如何去回答，不要急于表示不同的意见。否则，对方会认为你根本没有听进去。

在倾听时，还要注意，对于不明白的地方，必须及时向对方提问，让他重复或复述一遍，直到你准确无误地理解了对方的思想为止。听完后，将对方的意见归纳。在对方对你的归纳表示完全的同意后，此时你可以分析对方的发言，考虑如何作答。

2. 善于倾听的三种方法

书面语表达有保留性，而口语则转瞬而失。因此，在听话时，需要快速、准确理解说话者所讲的内容。听者要一边听，一边思考，弄清楚说话者要表达的内在意义。

在谈话告一段落后，要求能够准确概括出、列举出说话者的要点、观点和一些重要信息。这些重点包括：说话者说的事情有几件，最重要的事情是什么？说话者提到了哪些人物，人物的名字需要记下来。谈话中提到的重要的时间、地点和事物。

有时候，说话者可能不方便说出一些东西，便用委婉、迂回的口气表述出来。这时候，就应该听到说话者话里有话，有“潜台词”。

善于倾听的人有三种倾听的方法。

（1）“迎合式”倾听

对对方所说的话采取迎合的态度，实时地对对方的话表示理解，可以简短地插话。这样容易消除对方的对抗心理，让对方放松警惕，滔滔不绝地向你吐露他的意见和想法。当然，我们对他的话表示理解，并不代表我们赞同他说的。

（2）“诱导式”倾听

在谈判的过程中，适当地提出一些问题，诱导对方说出他的想法。对方可能在不知不觉中，说出了他原不该说的话。

（3）“劝导式”倾听

当对方说话偏离了主题，不知不觉把话题转移了时，你要使用恰当的语言，把话题引导到主题上，说话要自然、委婉，不要让对方反感。如果对方认为你打断了他的话，那就得不偿失了。

3. 专注聆听，让对方向你敞开心扉

人际沟通的真谛，不在于一味地向对方炫耀自己，而是要善于鼓励对方多说话，让他展示更多的才华。要想钓到鱼，就要像鱼一样思考。假如你希望得到对方的关注，那么你就应该先关注对方。

也就是说，在与对方交流的过程中，我们要先学会做一名听众，专注地聆听对方的谈话，只有这样我们才能打开对方的心扉，令他在愉悦的氛围中表达自己的观点和看法。

专心致志地倾听对方发表意见，其实是一种很高明的恭维方式。

尤其是当对方的意见和观点跟我们不尽相合时，专注地倾听是打动他们最佳的沟通手段。倘若对方是一位吹毛求疵的人，或者是食古不化的呆板之人，他们往往是最不容易被说服的，然而他们身上当然也会存在弱点，只要我们具备足够的耐性，富于同情心，专注地聆听他们的诉说，那么他们顽固的思想也会像春日里的冰雪一般被融化的。

在日常交际中，我们可能会碰到这样的现象：当一个人正在情绪愤怒的时候，倘若你能保持缄默，并且认真地倾听对方的意见，他对你那种不友好的口吻和态度，迟早也会变得温和起来。这就是倾听的魅力所在！

再比如商业谈判中，专注地聆听对方，往往能促进双方顺利地展开合作。曾经有位学者发表过这样一种观点："成功的商业合作，本没有任何秘诀可言。然而，当谈判对手在讲话时，你必须要专心致志地倾听，这一点极端重要。因为没有人不喜欢让别人来倾听自己的故事，你在倾听对方的时候，往往会使他们感到很开心。"

有一天，卡耐基收到了朋友给他的一张邀请函，希望他能来参加一次桥牌聚会。卡耐基对于桥牌是一窍不通的，而在这次聚会上，恰巧一位美丽的女士也不擅此道，于是他们就坐下来在一块聊天。那位女士问："卡耐基，能告诉我您所游历过的名胜古迹吗？想必您一定见过许多奇妙的景致吧？"

卡耐基说："没有，我已经很久没有出去旅游过了。我想，夫人您一定是交游广阔的人，能跟我分享一下您的旅游经历吗?”然后那位女士对他说，她跟她的丈夫刚刚游历过非洲。

卡耐基接着问道：“非洲？那可是一个很有趣的地方呀！其实我一直想去非洲看看的，可是我曾经只在阿尔及利亚住了一天的时间，其他的地方都没有涉足过，真是很羡慕你们，贤伉俪真的很幸运啊！能给我讲讲您在非洲的一些见闻和景致吗?”

然后，那位女士很高兴地讲了起来，他们的那场谈话足足持续了一个多小时，当那位女士谈论完自己的旅途见闻以后，并没有继续追问卡耐基去过哪些地方，见过哪些美丽的风景。而事实上，她并没有真心想要知道卡耐基旅行过的地方，而是她需要有一个人倾听她的说话而已。之前对卡耐基的提问，只不过是为了引出她说话的主题来而已。

在现实生活中，像这位美丽的女士一样的人并不罕见。卡耐基非常敏锐地洞察到这一点，所以他并没有在这位女士面前夸夸其谈自己的旅途见闻，而是巧妙地将话题转移到了这位女士身上，让她畅所欲言地谈论自己。于是，当对方在向卡耐基诉说的同时，对卡耐基的好感也得到了进一步加深。

哥伦比亚大学校长巴德勒博士曾经说过：“有些人之所以讨厌，就是由于他们的自私心和自重感在作祟。那些只知道谈论自己的人，都是一些不可救药的缺乏教养者，无论他是受过怎样的教育，从本质上讲，他都是一个没有教养的人。”

对于隐藏在倾听中的恭维艺术，是很少有人会拒绝的。因此，

如果你想成为一名当众讲话的口才高手，那么你就要先做一名专注的倾听者。做到善于倾听并不困难，只要你多询问一些他感兴趣的话题，并且鼓励他谈论一些自己的事情，仅此而已。

在倾听对方的过程中，我们应该把握一些小的细节：

（1）找出对方话语中的关键词

当对方在向你谈论自己时，会不时地描绘一些具体事实的关键词，根据这些关键的字眼，我们或许可以从中获取到一些信息，而且这些关键词里可能也隐含着对方的一些兴趣或情绪，透过这些关键词，我们找出对方感兴趣的话题，这样有利于跟对方进行更深入地沟通。

此外，找出对方话语中的关键词，也能使我们更加自如地与对方交谈。比如，我们可以在发表自己的观点时，掺杂对方所谈论过的一些重要内容，对方就会感觉我们对他的讲话很感兴趣，听得很认真。当他们被尊重和被重视的心理被满足后，自然也就对我们增加了好感。

（2）语言上积极配合对方

当对方在谈话中讲到某一点时，你可以用几句简短的话“插科打诨”，以此表示你对他所谈论的话题很有兴趣，比如“原来如此”、“太好了”、“真的吗”，等等。你也可以向对方提出一些疑问，让他为你“释惑”，这样会让对方感觉你的确是在很用心地倾听他的讲话。不过应该切记一点：倘若对方还没有开口讲话，就不要急着滔滔不绝地发表自己的观点，抢了对方讲话的机会。

在跟对方交谈的过程中，即使对方的观点你不认同，也不要鲁莽地反驳或者纠正对方。因为你的观点也未必全然正确，况且若是贸然去纠正他的观点，就会将对方置于难堪的尴尬境地，因而也就失去了与你继续交谈下去的兴趣了。倘若你有与他不同的观点和看法，可以在对方讲话结束以后，再以一种恰当的、不失和气的方式去阐述自己的意见，但切忌在对方谈话兴致正浓的时候去打断他。

（3）倾听中巧妙地运用眼神和肢体语言

首先，在人际沟通中，目光和眼神往往能流露和传递出很细腻的感情，在人际交往中起着非常重要的作用。在倾听对方讲述自己的经历或观点时，为了表示对他的尊重，我们最好是双眼凝视着对方。无论对方是什么身份、什么地位，我们都应该这样做，只有这样才能让对方感觉我们是在很用心地倾听他的讲话。

其次，就是要学会利用自己的肢体语言，暗示或鼓励对方谈论下去。比如向对方颔首会意，绽放出一个微笑，或者稍微欠一下身。而若是在对方面前，你表现得像磐石一样，纹丝不动，就会让对方产生一种错觉，认为你在心不在焉地听他讲话，导致他失去谈论的兴趣。只是，需要提醒的是，当你在利用肢体语言的时候，动作幅度不宜过大。

4. 给听众留出想象的空间

国画大师齐白石先生画虾，可谓一绝。可是，他从不在画中加上水，奇怪的是，虽然画中无水，他的画却好像更能让人想象出“虾在水中游”的神奇效果。

心理学家将这一现象称为“空白效应”，意思是说，故意设点悬念、吊一吊胃口，给他人留下想象的空间，更能激发人的好奇心和求知欲，让大脑变得活跃起来。而“满堂灌”、全盘告知后，人们不仅容易产生心理疲劳，大脑的创造性思维还可能受到压制。

人在感知世界的时候，如果感知对象不完整，便会自然地运用联想在头脑中对不完整的感知对象进行补充，直至完整。人们对经过联想去“补充”的感知对象，会产生更强烈的心理效应，不仅印象深刻，而且更容易记住。

“空白效应”不仅可以应用于艺术作品的审美欣赏，同样可以应用于我们的日常说话及演讲中。日常说话时，如果我们也能学着留点空白，也许会事半功倍，让别人的思维不得不对你“穷追不舍”。而在给他人提意见时，如果我们能说个引子就打住，让对方自己反省，对方对你的建议也许会更加印象深刻。

缺乏经验的领导在教育下属时可能会对之进行喋喋不休的批评，这很容易导致下属产生逆反心理，如果下属是个“刺头”，他甚至会和领导当场顶撞起来，让领导很没有面子。其实，有经验的领导在教育下属时会很自然地使用“空白效应”，有时候，他们的一个眼神、一句问候、一句玩笑话就可以让下属心领神会，心存佩服和感激。

演讲也是这样，在演讲过程中，如果我们能适当留一些空白，会取得更加良好的演讲效果。

马云曾专门提到过在演讲中让听众考虑的重要性，他说：“一个好的演讲者往往也是一个好的思想沟通者，他讲的 15 分钟会让你去想 15 个小时，而不是讲两个小时大家就笑两个小时，过去就过去了。在杭师院读书的过程中，有很多讲座给我留下了很深的印象。我希望今天我们两个小时的沟通中，也许中间的一个句子，也许中间的一个故事会让你去反思一些问题。”

虽然马云在上面这段话中并没有明确表明演讲要留空白，但他的意思很明显：演讲必须激发出大家思考的兴趣。显然，要想激发大家思考的兴趣，演讲中留白就是一个必需的技巧。

如果你在演讲中“竹筒倒豆子”，把所有的东西都解释得清清楚楚，听众就会完全跟着你的观点走，而失去自我思考的空间。尤为关键的是，当听众完全跟着你的观点思考问题的时候，他们会很容易失去判断力，哪怕你的观点可能是错误的，他们也会不知不觉地接受。

演讲中的留白，还涉及一个语气停顿的问题。有的人认为，演讲中的任何停顿都可能会被听众误认为你“卡壳”，所以，演讲最好不要做任何停顿，而要如行云流水般一气呵成。还有的人则不敢停顿，他们害怕给时间留下空白会导致自身紧张，所以总希望在演讲时能够说得滔滔不绝、流利。

其实，这都是一些认识误区。因为在演讲中，有时无声语言更能表情达意，适度停顿更能引人入胜。而且，如果演讲的速度过快，我们很容易产生紧张感，声音也很容易发抖，一旦到了这种失控状态，要想再慢下来，会变得更加困难。

适当的停顿是演讲中的一种无声语言。大多数吸引人的演讲，通常都不是一气呵成的那种，而是适当的停顿、静默，然后多转折、多变化、引人入胜的那种。

林肯经常在谈话途中停顿。当他说到一项要点，而且希望他的听众在脑中留下极为深刻的印象时，他会倾身向前，直接望着对方的眼睛，足足有一分钟之久，但却一句话也不说。

这种突然而来的沉默可以瞬间吸引听众的注意力。在演讲过程中，因为各种原因造成的嘈杂混乱的现场情景总是难以避免，演讲者这种语流的突然中止和短暂间歇，可以使每个听众都警觉起来，从而改变他们的视听意向，产生静场效应，为演讲的顺利进行创造条件。

说话时的停顿是一种需要掌握好的技巧。有意识的停顿，不仅能使讲话层次分明，还能重点突出，吸引听话人的注意力。而且，适当的停顿能使说话的意思前后互相照应。显然，只有条理清楚，你的话才具有说服力并表现出较强的逻辑性，使别人佩服你讲话的老练和娴熟。如果不懂得适时的停顿，滔滔不绝地一直讲下去，就会使人有急促感，显示不出你的感情和力度。

当你转换语言、提出重点、总结中心思想、概括主要内容时，需要适时地进行停顿，而静默的时间一般不要超过10秒钟。特别需要停顿的地方，也不宜超过1分钟。

另外，如果你想表达内心的激情，讲话就应该抑扬顿挫，所以停顿不只是声音的静止，还是一种无声的心灵之语，它往往配合动作手势。比如低头沉思、双手握拳、做激动状等，说到关键处，双目凝视、深深叹息、皱紧双眉做痛苦状、抬头仰望天空等。

第五节　打造你的魅力口才

1. 口才只是形式，人更在意真诚

好的口才，通常会被冠以滔滔不绝、妙语连珠、富有煽动性等特征。其实，这只是口才的外衣。真正打动人心的讲话不在于这些包装，而在于心与心的碰撞。

任何的讲话、谈话也好，演讲也好，推销也好，本质上都是人与人之间的沟通。好的讲话实际上就是顺畅的沟通。而有效地沟通是真正走进对方的内心，引起对方的共鸣，这就需要真诚。

真诚的讲话能把内心真实的想法传达给对方，能把自己最真实的情感表达出来，能真正地顾及听众的感受。所以，口才只是一种形式，真正抓住听众的是通过语言所传达出来的真诚的心。

央视主持人刘建宏曾经在北大做过题为《口才成就人才》的演讲，他提出了“口才只是种形式，人最重要的贵乎于真诚”的观点。作为靠口才吃饭的主持人，他多年来总结的关于口才的经验无疑具有强烈的说服力。

作为《足球之夜》的栏目负责人，他经常会面试一些刚刚毕业的大学生，他发现，虽然现在的大学生普遍比较自信和自我，并且掌握了至少一门以上的专业技巧，但他们的沟通能力比较欠缺，原

因就在于缺乏真诚。

无论一个人说话的底气有多么足，他如何的自信，如何的侃侃而谈，没有真诚的态度，他说的话就不会进入对方的脑袋。如果没有人会认真听他讲什么，他所有的技巧都会被认为是种表演，甚至被认为是虚情假意、油嘴滑舌、随意轻佻，让人倍感厌烦。结果，他之前为讲话技巧倾注的种种努力都变成了无用功。

所以，提高口才的途径，不是去背诵那些华丽但空虚的词语，不是去纠结于每句话的句式怎样安排，也不是停留在那些能让演讲澎湃激情的技巧上。

抛弃那些所谓的技巧，找回你真诚的心，只要你能用心与听众交流，你就能把他们的注意力牢牢地锁在你身上，你的讲话就会有超乎你想象的吸引力。

虽然现在的社会有许多的浮躁与虚伪，但要相信，所有的人都讨厌虚伪，每个人都渴望真诚地沟通与交流。虽然很多人碍于面子或者现实的逼迫，无法真实地表达自己，但如果你能把听众真正想听的说出来，用真诚的心与听众交流，他们就会对你产生由衷的敬佩，也会为自己的想法被理解而感动。

他们甚至会因为你的真诚而反思自己的虚荣、恐惧。所以，当你表达你的真诚的时候，不要有任何顾虑和负担，因为你做了所有人都认可的事情。可能有的人会说你这样做很傻，但请你相信，即便是那些嘲笑你的人，在内心深处也会持有对你的尊重。因为真诚是人性共同追求的东西。

真诚的态度能让人感觉到你讲话的诚意，知道你的讲话是有内容的，不是胡编乱造忽悠他人的。了解了这些，听众就会用严肃的态度对待你的讲话，认真思考你讲话的内容。

如果一开始就大侃特侃，说一些不着边际的话，听众也就不会买账。当你在讲话的过程中真实地表达自己的情感，就会引起对方的共鸣，因为情感沟通最容易被他人理解，情感的交流最容易拉近人与人之间的距离，使对方产生一种惺惺相惜的感觉。

当你把内心的想法开门见山地告诉对方的时候，听众会感受到你谈话的诚意，感受到自己是被尊重的。这样，首先就赢得了他人的信任，在信任的基础上就会肯定你这个人，进而喜欢听你说话。所以，口才只是形式，人们更在意真诚。

2. 内向者也能练出好口才

很多人都有这样的误解，拥有好口才的人都是性格外向的人。内向的人一般没有好口才。其实大多数人都犯了思维上的一个错误，把好口才等同于爱说话。

诚然，性格外向的人比较喜欢说话，由于喜欢交际，他们可能会随时随地把自己的想法说出来。而内向的人则不太喜欢用语言表达自己，有些想法也不愿在众人面前表达。

所以，大多数场合，我们听到的都是外向者的声音。经过时间的强化，就会认为外向者口才好，内向者口才不好。就连内向者本人也不知不觉地认可了这样的观点，更不注意发现和培养自己在口才方面的能力。在这样普遍的误解中，口才成了外向者的标签，而与性格内向的人无缘。

其实，口才的好坏与性格没有必然的联系。很多人怀疑自己：以我的性格可以成为演讲家吗？其实，可以肯定的是，性格内向并不阻碍我们通往演讲家的路，我们需要做的只是提高自己的能力，对于性格方面的问题，大可放置一边，毕竟“江山易改，本性难移”。

很多口才很好的人，小时候也很内向。著名喜剧作家萧伯纳，在年轻时非常胆小、害羞、不敢演讲。有朋友请他吃饭时，他经常会在朋友家门口徘徊良久才迟迟按下门铃。

一次学术研讨会上，一位朋友请他上台演讲，结果他非常紧张、狼狈地结束了自己的演讲，遭到了大家的嘲笑，萧伯纳自己也感觉非常丢人，但是这位年轻人并未从此放弃，他利用一切机会在广场、公园、车站等地方进行疯狂的演讲练习，在经过上千次的练习后，他终于成为一名演讲家。

所以，性格内向的人同样可以有一副好口才，同样可以成为演讲家。

我们甚至可以说，内向者更容易练出好口才。内向的人内心更加敏感，他们的思考会多于说话，他们说出来的话基本都是经过慎重考虑的，分寸的拿捏会比较好，有理有据，全面得体。

所以，他们的一句话可能会比外向者的一席话更能打动对方，更有吸引力。有了这样的底子，他们练口才就比较容易，只要敢说就能说到位。好口才并不是夸夸其谈，关键是说在点子上。内向的人在这方面更有优势。

3. 关联效应

说话是语言的传递，口才是艺术的语言传递，除了讲究说话内容的到位之外，好口才还需要一些“附属品”来装饰。说话的内容一旦有了合理的点缀，会更加熠熠生辉，从而成就好口才，这就是关联效应。

好口才都包含着细节上的小技巧。说话时的语气、神情、语速都是这种小技巧。

说话语气太平，没有抑扬顿挫，那就等于念经，不管内容多么精彩，听众都会呼呼大睡。所以，说话的时候一定要注意语气。如果语气能根据不同的内容、不同的思想感情随机变化，就会起到一个强调的作用，注意力涣散的听众也会被重新拉回到演讲中。

语气的变化还能增强语言的感染力，这样你想传达给听众的东西就能引起听众的思考。如果想让听众顺着你的思路走，跟上你的节奏，就必须注意语气的灵活变化。

如果说话像噼里啪啦蹦豆子一样一气说完，听众很有可能根本不知道演讲者在说什么，还容易令听众怀疑，误认为演讲者怯场。如果说话像蜗牛爬行一样慢，就会显得拉腔拖调，给人以愚笨、迟钝、缺少教养的感觉，听众一定会愤然离席。即便是平时普通的谈话，如果语速的掌握有偏差，也不会达到交流的效果。所以，好口才一定在语速上把握得十分恰当。

另外，当人们在交流的时候，无论是正规的演讲还是普通的谈话，倾听者不仅是听众，他们还扮演着观众的角色。他们会把注意力锁定在说话者的脸上。这时候表情的作用就十分重要。面部表情是能够传情达意的，它是人的内在思想感情在外貌上的显示。

经验丰富的演讲者，总是充分地利用面部表情，表达出丰富的思想感情，吸引听众，影响听众。表情的细微变化都会引起听众心理上的反应。

所以，说话者要十分注意并且好好运用表情因素。富有感染力的表情一定会为口才加不少分。

美国著名的教育家戴尔·卡耐基在说到罗斯福总统演讲时，说他全身好像一架表现感情的机器，他满脸都是动人的表情。这样使他的演讲更有力，更勇敢，更活跃。

当代著名演讲家、演讲理论家邵守义演讲时脸部表情丰富多彩，丰富的表情后面表现着复杂的思想情韵。

当你觉得自己能用很流畅的语言表达独特观点的时候，千万不要以为你已经拥有了一副好口才。一定要有语气、表情、语速的恰当把握和协调配合，这几个因素能让你说的话更鲜活，赋予了语言生命力，更容易走进听众的内心。

不管是平时的讲话还是演讲，一定要注意语气、表情和语速，有意识地纠正这几个方面的不足。如果在这些必要的“点缀”上做到极致的话，你会获得更多的听众。

4. 懂得分享

任何形式的讲话都是人与人之间的沟通与交流。其实，沟通的过程也是一个分享的过程。交谈的双方分享各自的故事，分享各自的经验，分享各自的心情，分享他人的故事，等等。可以说，没有分享，不成交流。人们说的每一句话，只要是说给别人听的，就是把自己的想法与别人分享。

凡是有效的、愉快的沟通，说话双方一定是在真诚地、用心地分享自己的东西。当我们听到对方讲述自己的故事时，会特别用心地去听。因为这样拉近了双方的距离，让对方觉得有强烈的真实感。

对方讲述自己的故事，就证明他们真正地向我们敞开了心胸，其中饱含的诚意也让我们感动，自然会认真地听他们说话。分享自己是让他人走近自己、倾听自己的重要途径。

演讲更需要分享，听众之所以去听演讲，就是想从演讲中收获点什么。演讲者如果不把自己的经验分享给听众，那演讲本身就是失败的。大家都不愿意听那些空洞的、高调的言论，都希望听到实实在在的、对自己有所启发、有所帮助的东西。

所以，真正优秀的演讲者是思想和经验的分享者，他们说出来的话都是自己多年经验或深入思考的结晶。特别是名人的演讲，听众对名人的期待就是把他们的故事，把他们的经验分享出来。很多名人的演讲大部分的时间都是在讲自己的故事，通过自己的故事把生活的体验、成功的经验告诉给听众。

2008 年，俞敏洪在北京大学开学典礼上发表了一篇演讲，这篇演讲几乎通篇就是用自己的故事串联起来的。他讲到了自己为了吸引女生注意而帮女生扛包的经历，讲了第一次开班会因普通话不好而被同学戏称为说日语的经历，讲了自己读《第三帝国的兴亡》这本书的经历，讲了自己几次落榜后考上北大的经历，还讲了自己从小喜欢打扫教室卫生、帮同学打水的经历。

这些都是一些很小很小的故事，但正是这些小故事拉近了俞敏洪与北大学生的距离。因为这是俞敏洪自己的故事，他讲得真诚、流畅，让学生们感觉他是个优秀的企业家，更是一个普通人。

他所说的故事和他的这些经历台下的同学也遇到过，也许他们有相同或相似的故事。所以，大家听起来饶有趣味，好像在听别人说自己的故事。

另外，俞敏洪作为一个成功人士，讲自己的故事更加有说服力。他不必去讲那些听起来非常高深的大道理，也不需要借助其他人成功的事例来支撑自己的观点。他本人就是立体的经验，只要把自己的故事、自己的体会讲出来就会有最大的说服力。

不光是名人，就是我们普通人，与他人说话的时候也要懂得分享自己。无论阐述什么观点、什么思想，自己的故事、自己的经验才有最强的说服力。这样会让对方觉得你的想法、经验不是凭空捏造出来的，是经过你的亲身体验证明了的，是真实的。

这样，对方才会欣然接受你的提议，同意你的观点，即使有所异议也一定会认真思考你说的话。分享自己会让自己的话更有说服力，会让听众更加信任自己。

（1）分享你的梦想

分享让自己的话更有说服力，让自己的话更能吸引听众的注意。

我们要懂得分享，更要学会分享。

学会分享自己的梦想。有人会说，梦想有什么可分享的？都是一些没有实现的东西别人会喜欢听吗？这样想就错了。这个世界上没有梦想的人太多了，好多人都是抱着过一天算一天的态度生活，不知道自己想要什么，也不敢想象未来的自己会达到一个什么样的高度。

我们要承认，有梦想的人一定是有想法的人，只要一谈到自己的梦想，他们一定会有很多的话要说，有很多的思想要表达。他们比那些没有梦想的人说出来的话更有见解，他们的观点更加独特，他们会说出一些一般人想不到的东西。听有梦想的人讲话，大多不会走神，因为他们会讲一些很新鲜的想法，把人的注意力紧紧地吸引在上面。

有梦想的人在讲自己的梦想的时候，一定是充满憧憬、神采奕奕的，他们情绪高涨起来，身上散发着一般人没有的激情。这些都让诉说自己梦想的人身上有一种迷人的光彩，听众会自然地被他们感染。即便是认为他们的梦想不可能实现，也会被他们身上散发出来的魅力而感动，也会赞叹他们勇于追求梦想的勇气。

我们都有这样的经验，谈论自己熟悉的东西会特别顺口，谈起来滔滔不绝，很有演讲家的感觉。梦想就是自己最熟悉的了，在讲述自己梦想的时候，永远都有话可说，说起来也会特别流畅。好口才往往是在这个时候表现出来的。所以，要训练自己的口才，不妨多向别人分享一下自己的梦想。

有梦想的人不要羞于谈论自己的梦想。梦想是美好的东西，它也会给人带来一些压力。因为梦想毕竟是遥远的，实现梦想的路一定是困难重重的。各种挫折会给人带来很多苦闷，坚持梦想也会让人感到特别累。这是所有心怀梦想的人都会经历的心路历程。这个时候，把自己的梦想倾诉给别人听，会缓解内心的压力，找回坚持梦想的勇气。同时，如果对方也是一个有梦想的人，那么你们内心承受的压力是相似的，对方听你讲话会产生内心的共鸣。对方会聚精会神地听你讲话，努力寻找你们之间的共同点，获得内心的安慰和情感上的共鸣。如果对方是一个没有梦想的人，会更愿意倾听你的梦想。他们能从你的讲述中了解真正的梦想是什么，思考自己没有梦想的生活，会急于从你身上获取关于梦想的信息。不管面对任何人，只要分享自己的梦想，就一定会有倾听者。

美国黑人运动领袖马丁路德·金有一篇著名的演讲，叫作《我有一个梦想》。这是一次伟大的演讲，至今还在全世界广泛流传。当时，演讲的教堂里座无虚席，连楼厅和过道里都挤满了人。他的演讲让在场所有的人激动不已，人们跟随着他演讲的节奏不断地给以肯定性的回应，人们的情绪随着他的话语而改变。当他从讲台上走下来的时候，人们还沉浸在他的演讲中，竟然茫然不知所措。在他走出教堂的时候，鼓掌声一直跟随着他，教徒还探着身想触摸他。这场以梦想为题的演讲鼓励了黑人勇敢地为争取自己的权利而斗争，也激发了全世界的人为梦想而奋斗的勇气。这就是分享梦想的巨大力量。

所以，有梦想的人一定要在适当的场合分享自己的梦想，梦想会让自己的话语充满吸引力，口才也会因此而展现出来，更会深深地吸引听众的注意力。

（2）分享你的经历

好口才的重要标准是让听众乐意听自己讲话。如何吸引住听众？这就需要分享自己的经验。

我上大学时，有一位女同学，别人都特别愿意听她讲话。只要有她在的地方，往往以她为中心围成一个小圈子，大家都在认真地听她讲话。只要她一开口，就能把旁边的人吸引过去。

她有如此大的影响力，不是因为她说话多么动听，而是因为她特别善于分享自己的经验。比如说谈到购物，她会告诉大家什么时候商场会打折，哪个商场的质量比较好，如何用较少的钱买到自己满意的东西。她不是凭空乱说的，说完一条，她就会用自己的购物的经历去佐证，告诉大家她什么时候去买过什么东西，原价多少钱，自己实际花了多少钱，东西的质量如何。如果那件东西正好在手边，她就会拿出来给大家看。

再比如，在网上搜索，她会告诉对方上哪个网站能搜到自己想要的东西，输入什么样的关键词才能快速地搜索出来，并且亲自实践给对方看。

几乎我这位同学每次说出来的话大家都深信不疑，别人都喜欢听她讲话。最主要的原因是她向大家分享了自己的经验，用自己的切身体会论证了经验的正确性，她的经验让人信服。所以，当她说话的时候，会牢牢地吸引住大家的注意力。她的好口才也是有口皆

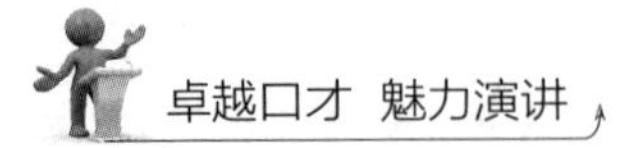

碑的。可见分享经验对展示口才的重要性。

分享经验是让别人从自己这里获得启示，对方感觉到从自己的经验中获得了帮助，进而就愿意听自己讲话。除了分享经验，我们还要学会分享自己的故事，把自己的故事讲给别人听等于是在交心，对方能感受到你说话的诚意，愿意做你忠实的倾听者。

同时，人与人之间的经历往往有一些相似的地方，你所经历的别人恰巧也曾经经历或者正在经历。你在说自己的故事，也是在说对方的故事。对方会有一种遇到知音的感觉，自然会好好地听，认真地听你讲话。这是架起双方沟通桥梁的最有效的办法。

邦妮·丹瑞斯曾经在高德纳咨询公司（Gartner Group）做过咨询员。邦妮每年都会把记录着她一年工作情况的记事簿发给她所有的同事和联系人。她会把自己的新闻和比较有趣的事都记下来，不论是工作上的还是家庭生活上的。她甚至记下了父亲的去世如何影响到了她的生活。你可能会觉得她把自己的事情公开会让人觉得不舒服，但事实恰好相反。越来越多的人希望邦妮把这些寄给他们，很多人写信给她，描述了自己相同的经历。

虽然这个案例讲的不是亲自用口头语言告诉他人自己的经历和感受，但是就其产生的效果而言，可以应用到我们的口头交流中。把自己经历过的事情告诉对方，可能正好与对方的某些经历相同，二者就产生了共鸣，对方更想从自己这里听到更多的故事。这是一个吸引听众的好方法。

（3）分享你的困惑

人的一生中，每个阶段都存在着不同的困惑。我们这里所说的困惑不仅仅是通常意义上的疑惑，还包括困难。其实困难也是困惑的一种，困难留给了人们难题，留给了人们疑惑，解决困难也就是解决困惑。

面临困惑是人与人之间最大的相似之处。每个人都在困惑中挣扎过、寻觅过、痛苦过，也都享受过困惑解开的快乐。在困惑里，人们几乎拥有共同的情感体验。所以，当一个人讲出他的困惑的时候，最能牵动别人的心，最能引起他人的共鸣。

正因为经历困惑的人拥有共同的情感体验，他们在听到别人的困惑的时候，会首先有一种遇到知己的感觉，想到原来我们都一样啊，这就拉近了他们与说话者之间的距离，对说话者有了一种亲近感和共患难的感觉。

在这个基础上，他们会认真地听讲话者讲述他们的困惑，在听的过程中不断地思考，思考说话者的困惑与自己的困惑的相同之处，思考如何帮他们解除困惑。

所以，在讲话者谈到自己的困惑的时候，听的人一般会集中最大的精力。这时，说话者和听众的关系达到了空前的和谐。当然，也不排除部分人存在着幸灾乐祸的情绪，但即便是幸灾乐祸的人也会认真地听说话者讲完。

所以，困惑是需要分享的。分享困惑，不仅能缓解自己的心理压力，还会让听众找回他们曾经有过的或正在体会的情感体验，引起听众的共鸣。有的人羞于讲出自己的困惑，怕别人笑话他，怕别人觉得他很笨，连那么小的问题都解决不了。越害羞，越害怕，就越不愿意与别人分享。

即使是别人看他心事重重主动去问他，他也不会说出来。很多人都对遭遇困惑的人怀有特别的热情，一旦感觉到他人有困惑了，就会主动去问，但如果遭到对方一次次的拒绝，那他们也就丧失了倾听的热情。所以，把困惑憋在心里会失去听众，而把困惑分享出来则会获得听众。

我有一位姓王的同学，她特别内向，平时少言寡语，遇到同班同学也不太打招呼，显得非常的不合群。她最不愿意的就是在全班同学面前说话，一说话就很紧张，加上普通话说得不好，说起话来更含混不清了。这导致同学们不太喜欢听她说话，她也更加沉默寡言了。

但是有一次她心情特别低落，在压力很大的情况下不得不对另一位同学讲了她的困惑，听的同学很热情，还把很多同学都叫来帮她想办法出主意。王同学觉得很意外，疑惑为什么大家平时都不爱听她说话，反而在她倾诉困惑的时候这么热情。

后来我问了一下听她讲困惑的同学，这位同学说，当听到王同学把困惑告诉她的时候，感觉王同学在跟她交心，特别信任她，而且她也有过困惑，特别能体会王同学那时的心情。情感的共鸣加上王同学对她的信任，让她觉得自己应该做一个耐心的倾听者，尽力帮助王同学解决困惑。

这样的事情可能我们大家都遇到过，正是分享困惑拉近了人与人之间的距离，让倾听者有了强烈的倾听欲望和倾听的耐心。所以，在谈话的时候，要把自己的困惑与听众分享，这样你会收获他们的信任，也会激发他们倾听的热情。

5. 一切都是练出来的

那些说话妙语连珠、幽默风趣、大方得体、观点独特的人备受别人的羡慕。看起来他们说话一点都不费力气，嘴巴一动话就跟着来了，他们说话时是如此的轻松。其实，这种说话功夫不是与生俱来的，而是经过勤奋刻苦的努力训练出来的。

有些著名的演讲家并非一开始就有那么好的口才，他们跟我们普通人一样，也曾经在演讲或说话中出过丑，也曾遇到过语言的障碍。而他们之所以成为优秀的演讲家，拥有一副好口才，完全靠持之以恒的练习。所以，好口才不是天生的，一切都是练出来的。

古代有一个大演讲家叫德摩斯梯尼。当时在古希腊，谁能登台演讲，这个人物简直就是这个城堡的领袖，那是了不得的！德摩斯梯尼第一次登台演讲的时候，他希望的是掌声和笑声。最后，没有笑声，倒有了掌声——背掌！听众们把他哄下台去。

他讲得实在是不怎么好。讲着讲着，肩膀就往上耸。他的气也不够用，说着说着就长出一口气。而且，他的口齿也不太清楚，说出来的话模模糊糊，人们听着十分费力，都想把他轰下去。

这个时候的德摩斯梯尼，不管让任何人看，都不会相信他能成为一个举世闻名的演讲家。在一般人看来，他根本不具备一个演讲家应该具备的任何特质。肢体语言愚笨不雅，说话底气不足，连基本的吐字都吐不清楚。

但是，就是这个底子非常薄弱的人，他成功了，成为世界演讲史中鼻祖似的人物。他用演讲激励本国的人民勇敢地反抗对外侵略，受到人民的无限爱戴。

为什么他的口才前后有天壤之别，之前的口才低到土里，后来的口才高上云霄？成就他好口才的唯一法门就是练习。

在第一次演讲被听众轰下台后，德摩斯梯尼没有气馁。他回去以后，自己剃了个阴阳头，以示再也不出去。他把能找到的所有的书籍都拿来，拼命地读书，增加自己的知识储备。为了克服自己耸肩，他在棚上吊了两个宝剑，剑尖正好对着自己的肩膀，如果一耸肩就会扎着。经过这样长期的练习，他克服掉了耸肩的毛病。

还有说话不清楚，这怎么练？他找了一个小鹅卵石含在嘴里。他本来就说话不清，再含着鹅卵石更是不清楚了。他就这样含着鹅卵石一天一天地练习，让自己的口齿一天比一天清晰，直到含着石头也能说出非常清楚的话。为了克服气不够用的缺点，他想了这样一个办法：一边朗诵诗歌，一边往山上跑，以此来增加自己的肺活量，增强说话的底气。

就这样，经过长时间的练习，他的三个毛病都克服掉了。他修炼了深厚的“内功”，有了丰富的学识和思想见地。他的“外功”也有了，口才练成了。每当他登台演讲，人们的掌声就会暴风雨般地响起来。他的演讲一直流传到现在，还会继续流传下去。

靠训练成就好口才的伟人我们能数出很多。像美国第十六任总统林肯，日本前首相田中角荣，我国的闻一多、华罗庚、萧楚女等人，他们的好口才都归功于练习。所以如果你现在的口才不好，甚至很糟糕，不要气馁，多看看这些伟人、名人的经历，你就会为自己树立信心。

没有一个人的好口才是天生的，我们看到的好口才，背后都经过了长期的训练。只要掌握正确的训练方法，加上持之以恒的坚持，一定会拥有一副好口才。

第五章

演讲内容的组织与准备

第一节　演讲主题与演讲稿的设计

1. 根据听众需求来设计演讲稿

要想成为演讲高手，必须具备推销能力。因为在演讲中，你的每一句话、每一个故事都需要推销技巧，这样才能将你说的内容深深地植入听众的脑海里。

如何把你的思想放进别人脑袋里，要用问答的方式，要学会一步一步引导听众回答你。所以演讲最重要一个技巧就是多提问。因为你说的，听众不一定相信，但是你问的，答案是听众自己说出来的，效果就不一样了，听众相信他们自己说的话。

如果你不了解听众要什么，你准备的内容可能是错误的；如果你不了解听众有什么问题，即使你在台上讲得唾液横飞，也不能帮他们解决真正的问题；如果不知道如何引导听众让他们对你所讲的产生兴趣，那么你演讲起来就会很费劲，很吃力。

所以，你要根据听众的需求和兴趣来设计演讲稿，同时还要根据不同的场合、不同的团体和不同的听众来调整演讲的内容。

2. 演讲主题要明确

演讲的主题该怎么定，对于演讲来说非常重要。有的人在演讲时，一上台就滔滔不绝、天南地北地讲，如果不打断他，估计给他两天的时间，他都讲不完。

这种没完没了地讲，问题出在演讲前没有确定好主题，演讲时没有选择与主题相关的事件进行阐述。没有主题的演讲，只会让人听得昏昏欲睡。

演讲的成功之处在于主题吸引人。市场是被主题吸引来的，所以你要定好主题。否则，再好的内容也是无人问津的。

3. 演讲标题要有吸引力

什么样的标题才是最具吸引力的呢？答案就是，你了解市场要什么，才可以定标题。

为什么在时装杂志里那些世界一流的品牌不直接拿服装做广告，而要花巨资请模特做广告呢？

为什么知名化妆品的厂家不直接拿化妆品做广告，而要请漂亮的女明星做广告呢？

其实这是在卖好处：告诉你穿了这个品牌的衣服也能像杂志上的模特一样有个性、有气质，你用这个品牌的化妆品也能像电视上的女明星一样美丽。

标题应该聚焦在你的内容能给顾客带来的好处上，而这个好处又是顾客想要的。所以定标题的时候，你要调查听众要什么，然后使你将要讲的内容也尽可能地贴近这个需求，这样定出来的标题就是成功的了。

简而言之，标题就是将好处概括成一句话告诉听众。要取一个具有吸引力的标题，就要理清以下问题：你要问自己，听众为什么应该来听你演讲；他们为什么不去听竞争对手的演讲。比如，听演讲的人是一些老太太和老大爷，而你演讲的主题却定为“如何实现梦想”。你认为这样的主题对他们来说有吸引力吗？当然没有。

对于老年人来说，他们更关心健康和晚年生活。这时，你将主题定为“如何防止高血压（心脏病、糖尿病）”，可能会引起他们的兴趣。或者定为“你知道你的健康亮起红灯了吗”、“如何其乐融融地享受祖孙三代同堂的日子”等，这样的标题也可能打动他们。

如果今天来听讲的是大学生，你就不可以把主题定为“如何预防高血压”、“如何教育小孩子”之类的。因为这些问题不是他们这个年龄的人最应该关心的，所以很难让他们产生兴趣。对于他们来说，或许像“如何在职场中无往不利”、“如何赢在起跑点，出社会克敌制胜的秘诀”这样的主题更具吸引力。

4. 题目要“新”，题材要“精”

演讲者上台前，要先熟悉环境，确定主题。主题要有时代感，体现广大听众喜欢的话题，针对听众喜欢的话题来选题，才能发表自己的独特观点，令听众耳目一新。选题要有内涵，才能让人内心产生震撼，如果过于浅薄、内涵不深，则容易让听众失去兴趣。

演讲的题目能画龙点睛地概括主题，直白的、修饰的都可以。比如，“高速发展的计算机网络”，主题一目了然；“奏响美的乐章”，属于象征性的题目。

题目要积极向上，鼓舞人心，比如“以民族昌盛为己任”属于培养价值观不可缺少的教育内容；而“大学生和农民工的区别”充满了悲观消极的味道，表现了错误的职业价值观。

让听众产生兴趣是题目最基本的功能，可以用明确的言语来吸引听众，从而使其跟上演讲者的思路。比如，“中国可以说不吗”用问题来勾住了听众的心；而“论21世纪大学生的责任”则是一个呆板的题目，失去新鲜感的主题。

题目不能宽泛，要对具体问题有针对性。比如，“怎样提高演讲的感染力”便于直抒胸臆，而“我的大学”这个题目让高尔基用其整整写了一部自传。

题目要新颖，新颖才能醒目，用简洁有力的词语表达强烈的感情色彩。比如“老而不死论”，鲁迅“语不惊人死不休”。而“为了中华腾飞而努力拼搏”就是冗长的套话。

演讲的材料就是演讲中所要用来说明主题的事实。通过观察可以发现有创意的材料。演讲者需要掌握三个技巧：首先，多而不乱。演讲的大部分过程都是借事说理。多搜集，再精选。其次，新而不朽。尽可能地与当前生活结合，才能吸引听众。最后，真实而典型。切不可为了一时的“哗众取宠”就道听途说、无中生有。真实的材料要具有典型的意义。真实的材料要具有代表性和说服力，去证明演讲的主题。

第二节 演讲稿的谋篇布局

1. 开头：百花齐放、因人制宜

一个好的演讲开场白能够迅速抓住听众的注意力。一个成功的演讲，开头不拘泥于一种，而是千变万化、美不胜收的。常见的开头方式有点题式、举例式、提问式、警句式、幽默式、悬念式、实物式等。

例如，某集团推销它们的老年保健品，邀请很多老年人参加推介会。主持人发表了一段简洁的开场白之后，便请出某著名人物上台。

在会场的门口，摆了很多这个著名人物的书，这个著名人物对大家说：“七十不算老，八十年尚小，活到一百岁，正是风光好，我祝愿在座的各位叔叔阿姨都能成为健康的百岁老人。”

这些老年人听了之后，觉得这首小诗非常好，当然现场的气氛也很活跃。这就是因人制宜的策略，实际上也是投其所好进行沟通的重要诀窍。

2. 结尾：可长可短、力避拖沓

成功的演讲在于，整个演讲犹如画龙，而结尾部分犹如点睛，最后的也是最重要的。好的结束语总让听众觉得意犹未尽、回味无穷。

结尾可长可短，演讲中一定要有结尾的概念，结尾的时候要扬上去，做好承上启下的一环。常见的结尾方法有：总结要点、鼓动号召、幽默、引用名言诗句、提问、抒情等。

有一个主题演讲的题目叫“走向成功”，整个演讲强调的是微笑、热情、激情、才情、人情，在结束的时候演讲者朗诵了一段《羊皮卷》的内容，强调坚持不懈直到成功，积极的人是太阳，照到哪里哪里亮；消极的人是月亮，初一十五不一样。最后，送给大家一副对联，上联是：心态好，事业成，不成也成。下联是：心态坏，事业败，不败也败。横批是：成败在你。

这个朗诵需要5分钟。尽管演讲者的声音很好，音乐也给听众感受很深，但是毕竟有点拖沓，其实可以很简短地进行总结，如果时间宽裕，则可以完整地文情并茂地进行朗读。

3. 写稿：盘点自身、列表取舍

星期天，小两口在家里卧室休息，很想多睡会儿觉。但是突然接到一个电话，同学就在楼下，要到楼上来看看。

于是两人就迅速起床，然后将被子、褥子整个装进柜子，扫地，撑平床单，打开窗户通风，然后到门口迎接客人。

这些柜子的抽屉里头装的可能是内衣或袜子，打开的时候里面可以乱一点，但关上后看起来是整齐的。

写稿强调的就是柜子理论。大的框架的理论要求和语言描述是一定的，但在给不同的人演讲时讲法就要有变化，使用一大片“建筑材料”，根据主题的框架，根据材料单，看看哪个故事放到哪些抽屉里合适。

对于一些常表达的故事、常说的道路，要白纸黑字地写下来，不需要的材料则放在备用抽屉里面，然后加上头尾去贯穿。

4. 提高文采：处处留心、咀嚼背诵

提高文采并非一日之功，来自日常的积累。在日常生活中，听到一句好的话、有分量的话，都要记录下来，让其成为自己演讲的材料，融于血脉，随着这种积累的不断增多，文采也自然而然会得到提高。

第三节 如何组织一次演讲

如何组织一次公众演讲？按照一般活动的议程，可以将一次公众演讲分解成七个模块，只要认真准备并实施好这七个模块，则一

次公众演讲就能很顺利地、水到渠成地进行。

1. 明确目的

演讲要表达什么观点，怎样表达，表达需要借助什么道具，最后希望要达到怎样的目的，这是需要在开始之前事先规划的内容。

2. 确定内容与方式

确定演讲的目的之后，就需要对目的的实施进行细化，安排各种准备，包括手稿的敲定，语言文字的推敲，推理过程的严密性，表达过程中需要的配合动作，在演讲过程中的移动方式，提问方式，互动方式，等等，都需要进行确定。

3. 确定时间与地点

什么时候进行演讲，在什么地方，是否有必要提前预演排练，大体的演讲时间控制是否合理，可以将这些内容都一一考虑妥当。

4. 组织听众

哪些人听演讲，他们的文化背景如何，准备的内容是否合理，使用的词汇能否被接受，听众的人数大约是多少，等等，这些因素可以帮助在演讲开始之前修正讲稿。

5. 讲台布置

讲台的布置要美观大方，要与演讲的主题相适宜。

6. 选定主持人

使用什么风格的主持人主持活动，包括年龄阶层、文化阶层、性别、影响度等，要综合考虑决定。

7. 演讲评判，回顾总结

演讲结束后，自己可以在事后观摩录像，对得失进行评判，总结回顾，以期对下次演讲有所帮助。

第六章

提升演讲内容价值和说服力

第一节　塑造内容的价值

1. 上台演讲，与听众建立信赖感

演讲就是做销售，先推销自己，再推销产品。而推销自己的前提就是与听众建立信赖感。

建立信赖感有三步：第一步是破冰，上台后，先向听众做自我介绍，介绍自己的名字。第二步是拉近距离，比如："感谢大家来听我演讲，感谢主办单位邀请我来演讲。"第三步是对主办单位、领导、听众的赞美，这样做的目的就是让观众喜欢你。

这种情况下，你不必谦虚，也不必羞于启齿。你一定要把这次演讲对听众的好处说出来，一定要勇敢地宣传自己。同时，更要把自己最珍贵的个人经验拿出来跟大家分享，因为人们最爱听故事，尤其是个人真实的故事。当然也只有这样，观众才不再说你是王婆

卖瓜——自卖自夸。

这种发言模板结构如下：

（1）称呼语、问候语

这个要根据场合的需要。例如，“各位老师、同学们，下午好！”或者，“各位专家、各位同行，你们好！”

（2）姓名、家乡

告诉观众你叫什么名字，你来自哪个地方。

（3）演讲目的

告诉观众你即将给大家带来多少“令人兴奋”的好消息和资讯。

（4）介绍自己的过去

你曾经的失败，你曾经的困惑，你曾经的无奈。当然，也顺便提一提你过去有过哪些“不可思议”的记录，干过哪些“惊天动地”的大事，创造过哪些“令人叹为观止”的业绩。目的是不断回顾过去，总结经验，抛砖引玉，激励听众。

（5）介绍自己的现在

因为你的真诚，你的执着，现在你结交了多少好朋友，积累了哪些人脉。而你现在是在做一件有意义的事情，有很多人（家人、朋友、贵人、名人）都在背后支持你。

（6）介绍自己的梦想

你所做的事情，尽管没有多少人理解，但你很快乐。你甘当默默无闻的老黄牛，一步一步地实现自己的梦想和完成人生的使命。

（7）现场互动

比如，你向听众喊：“掌声能不能更加热烈一些？”

今日英才教育集团创始人黄一鸣先生在四川大学演讲前的自我介绍：

各位朋友，大家早上好！

非常高兴，今天来到四川大学和大家一起分享交流。在分享之前，首先给大家讲一个小故事。

2002年秋天，有一个跟在座各位朋友一样的年轻人，考进了他梦寐以求的大学。但遗憾的是，当时他身无一文。因为他来自一个贫苦的家庭，他还有三个弟弟，他的父母亲要同时供四个孩子上学。我想问一下在座的各位朋友，一个贫苦家庭同时供四个儿子上学容易还是不容易？（不容易）所以这个年轻人决定通过自己的努力来完成自己的大学学业。

尽管他当时一无所有，但这个年轻人对自己的前途依然充满了自信，他相信自己的大学生活一定很美好，他相信自己的人生一定很精彩。于是，他每天早上6点钟起床后，第一时间跑到学校的操场上，鼓励自己："我一定要成功，我一定要在大学毕业时赚到十万。"然后，他伸出自己的左腿，"刷！"再伸出自己的右腿，"刷！"接着继续大喊："这是多么美好的一天啊，充满了爱、自信、能量"。在座的各位，你们认为这个年轻人在大学毕业时会不会赚到十万？（会）恭喜大家答错了，正确答案是不会的，因为他赚了100万。大家要不要给他掌声鼓励一下？（掌声）

这个年轻人大学毕业后，他做了一个让所有的人都不敢相信的决定，竟然放弃了原来的公司，选择演讲事业。而为了自己的事业，他花费了20多万元去学习世界大师的成功资讯和演讲技巧。

2007 年 3 月，他开始自费到全国高校巡回演讲。到 2009 年年底，短短的 3 年时间里，他走过了中国 20 多个大城市，演讲了 500 多场，激励了无数大学生的人生梦想和创业激情。曾经有大学生说："作为一名大学生，如果一生没有听过他的演讲，将终生遗憾；如果一生只听一次，将遗憾终身。"然而，当他演讲结束来到北京的时候，他身上仅剩下了 3000 元。

于是，他只好利用这 3000 元重新开始创业，一个月过后，公司成立了，并在公司成立的当天，营业额也达到了 20 万元。各位，你们知道这个年轻人是谁吗？他叫什么名字吗？（就是你，叫黄一鸣）

所以，各位，今天我将大学四年的创业经历、这三年花了 20 多万去参加各种培训课程所学到的成功资讯以及现在创业的一些心得，毫无保留地跟大家分享，让你们在原有非常优秀、非常成功的基础上迈向更大的成功。大家说，好不好？（好）

各位，如果今天你们的掌声更大声，尖叫声更兴奋，通常情况下，我给大家分享得就更加彻底。据说，掌声的速度、尖叫声的速度跟成功的速度是成正比的，你们要不要给一鸣再次热烈的掌声鼓励一下！（掌声！尖叫声！）

2. 塑造人物形象

塑造人物形象最忌平铺直叙。比如，让你在台上讲一讲华人首富李嘉诚的故事，你就说了一句：李嘉诚的商业人生，告诉我们做人要有诚信。这样讲的效果肯定不好。

如果换一种表述方式，效果就会大大不同。

李嘉诚16岁开始做学徒，20岁开始创业，经过50多年的奋斗，他成为华人首富。

在华人世界备受尊敬的超级企业家李嘉诚说，沉浮商海50多年，他发现成功的关键在于做人要有诚信。

同样是讲李嘉诚的诚信，前一种只是简单地把李嘉诚的话重复了一遍，既没有感情色彩，又没有说服力。而后一种则先把李嘉诚这个人物形象塑造起来，再把他的话讲出来，既形象又生动。

所以，在演讲时，要注意人物的塑造，这样就会使演讲的内容更加生动丰富。

3. 塑造内容价值

同样，下面这个故事也会告诉你如何塑造内容的价值。

“各位，比尔·盖茨曾是世界上最年轻的首富，他个人资产超过500亿美元。如果你一年能赚1亿的人民币，你觉得好不好？”

在场的人都回答：“好。”

“如果你每年能赚1亿美元，你要花500年的时间才能赚到500亿美元。也就是说从你出生开始就要开始赚钱，并且你要活500岁，你才有500亿美元。可是，比尔·盖茨38岁的时候就拥有了500亿美元。500亿美元折合成人民币是多少，你自己算一下。

“如果你要实现这个目标，你还要再活几百年。比尔·盖茨说，做人、做事千万不要掉进恶性循环，做生意一开始就要进入良性循环。什么叫恶性循环呢？如果你没有学到赚钱的方法，你就会没有钱。你没有钱就会继续学不到赚钱的方法，所以你还是继续没钱。这就是恶性循环。”

如果在演讲时，只说比尔·盖茨说做人不要掉进恶性循环，或者只说人不要掉进恶性循环，效果就会很一般。但是，如果先把比尔·盖茨的形象塑造起来，然后借他的口把话说出来，你是不是觉得这些话更有说服力，更可信？

第二节　主持人的口才艺术

在演讲时，需要选择合适的主持人，在选择时，要考虑使用什么风格的主持人主持活动，包括年龄阶层、文化阶层、性别、影响度等，要综合考虑决定。

在正式演讲开始之前，主持人要先对演讲者做一个简单介绍。这个小环节不容忽视，介绍得好不好，会影响到听众对演讲者的印象好坏的判定。

主持人在介绍演讲者时，大概花费60秒的时间，在这么短的时间你要向大家介绍些什么呢？概括起来就三个字：题、重、人。

所谓“题”，是指今天演讲的主题是什么？这是你在介绍即将出场的演讲者时，首先要做的事。

所谓“重”，是指今天的主题为什么很重要。主题的重要性一定要强调，否则听众对演讲的内容就不会重视了。

所谓“人”，是指演讲者有哪三大理由和资格站在台上讲这个主题。

1. 主持人如何做开场介绍

（1）演讲的主题

比如，主持人说道，今天演讲的主题是如何通过演讲致富。为什么这个主题如此重要呢？因为演讲是出人头地的捷径，因为伟大的领导都是伟大的演讲家，因为通过演讲，你可以迅速提高你的领导力、知名度，增强你的说服力，扩展你的人脉。

（2）介绍主讲人

今天我们请到的主讲人是某某老师。因为他有三大理由和资格来讲这个主题。

第一，他有多年的职业演讲经验；

第二，他是世界顶尖的演讲家，拥有超过了上亿元的财富；

第三，他培训过无数知名的演讲家。

（3）请出主讲人

现在，有请某某老师来分享“演讲致富的秘诀”。

这个框架简单明了，却将当好主持人的关键因素指出来了。

2. 主持人的语言特点

只要开口讲话，就可以看作是主持人。主持人的语言特点应包括三个方面：口语化，灵活表达，避免照本宣科；大众化，通俗易懂，避免生僻晦涩；个性化，“装狼像狼，装虎是虎”，有自己的特色。

延安军民大会上，毛主席谈根据地建设问题。但是参加会议的有很多陕北民众，对此有些人是听不太懂的。

毛主席一上台就看到前边有一个绑着羊肚子毛巾的老大爷。“呵呵，老人家，你老人家也来听课呀？你在这坐着莫紧张啊，你看怎么样？”通过这样的行为亲和公众，他相当于传达给大家一个走得很近的信号，然后他接着对大家说：“今天让我讲根据地啊。各位，什么是根据地啊？我先请教大家个问题，这是什么地方啊？”

这时候毛主席指了指自己的臀部，又接着对底下的听众说：“我们大家是走来的，走累了需要坐下来休息的呀，坐下来休息，我们屁股坐的地方啊，这就叫根据地。如果我们无论走到什么地方累了就可以坐下来休息休息呀，这一块块的根据地联系起来，这就是新中国呀。我不想多讲啊，我就谈到这里呀，谢谢各位。”

这样的演讲就一下走进了人心里，一听就知道，非常口语化、大众化、个性化。

3. 主持人的语言技巧

主持人如何成功地驾驭和掌控演技，需要一定的语言技巧。例如，在演讲开始时，要善于吸引听众的注意力；在演讲过程中，要灵活应对各种变化，对任何可能出现的差错都要准备应急预案；在演讲结尾时，也不可掉以轻心，必须让演讲有头有尾地顺利结束。

综上所述，主持人的语言技巧包括四方面的内容：工于开场，巧于连接，灵活应变，重视结尾。

演讲存在于生活的方方面面，大到专业的演讲，小到一次简短的谈话。所以，掌握必要的演讲技巧，可以在日常生活中游刃有余地处理大小事务，对美满人生的开创具有极为重要的作用。

第三节　没人喜欢说教，但却喜欢听故事

从生理上来讲，人的大脑分为左脑与右脑，左脑是理性的、严谨的，而右脑是感性的、活跃的。左脑倾向于分析总结和推理，而右脑富于想象，乐于接收生动化、趣味性的东西。

理论的东西，过多地灌输、反复地强调，会让员工产生逆反心理。而故事则不同，由于其是右脑的产物，具有生动性和趣味性，所以在传播的时候，很容易就能被听众的右脑接受并留下深刻的记忆。

用故事来阐述自己的观点，推销自己的观点，是一种非常有效，也非常受人欢迎的方式。因为没人喜欢说教，也没人喜欢被教训，但人们却喜欢听故事，并喜欢从故事中去琢磨做人做事的道理。

讲故事的魅力就在于此，因为人天生喜欢听故事。阿里巴巴的创始人马云深谙其中的技巧，所以他在阐述自己的观点时，总是会用一个故事来引出自己想要谈的事情。比如他在讲“管理不是为了方便自己”这个观点时，开头就用了一个故事来引起大家的关注：

两年以前，杭州有个餐馆，我去了一看就发现这个餐馆要死。餐馆有四个服务人员，经理坐在前面的桌子上，我进去要坐这张桌子，他说不行，说“我坐在这里是为了方便管这四个人”，他说你们两三个人要坐那边去。我认为，manager 不能 manage 客户，是应该把四个站在那里傻乎乎的服务人员管理好，客户想坐这张桌子是客户的权利。果然这个饭店半年以后不见了。

如果马云只是很简单地告诉大家“管理不是为了方便自己”，台下的听众很可能会把这句话当作“耳旁风”，左耳进右耳出。

但是现在不一样了，因为大家即便记不住马云的观点，也能记住这个故事。记住了这个故事，人们就可以自己琢磨出管理的目的来。

1. 口才的最高境界是幽默

一般而言，演讲者在一些正式场合所发表的演讲，往往都带有某些鼓动和说服的色彩，许多演讲者在这种正式的演讲场合之下，往往都是神情庄重、不苟言笑，可如此一来，又显得太过古板，演讲也就变得枯燥乏味，听众根本提不起兴致去聆听他的演讲。

因此，在演讲的过程中，幽默就成了一种我们不容忽视的、强大的交流工具，它可以迅速引起听众们的注意，铺陈和渲染出融洽和谐的演讲氛围，缓解内心的紧张情绪，并能给听众留下深刻的印象。

演讲的内容本身并无幽默可言，但若由一位幽默之人来发表一场演讲，往往会使演讲充满趣味和欢笑，听众会深深地沉醉在他的叙述当中。

许多出色的演讲家都善于在演讲中运用幽默的语言，牢牢抓住听众们的注意力，在一片欢笑声中引发听众的共鸣，从而对其阐述的观点和思想记忆深刻。

林肯在竞选总统期间曾发表过一篇演讲：

“有人问我有多少钱参加竞选，我告诉他们我是个穷光蛋。但是，我有深爱的妻子和儿子，他们对于我来说可是无价之宝呢！我还租了一间不大不小的房间，房间里有一张桌子和几把椅子，我还在墙角摆放了一个书柜，书柜里的书，值得我阅读一辈子。我的长相不太雅观，而且满脸胡须，我没有发福却长着个大肚子。我没有可依靠的财团，唯一值得托付的就是你们。”

林肯这一番妙语连珠的演讲，使他迅速在公众面前展示出了一个廉洁诚实、平易近人而且幽默可爱的形象，因而赢得了大批选民的支持——这就是幽默演讲所具有的感染人心的独特魅力！

据说美国的男人宁愿自己变成盲人或者少了一条腿，也不愿承认自己缺少幽默感。幽默感的重要性，由此可见一斑。

美国人之所以重视一个人是否具有幽默感，是因为他们非常重视人际交往，而在人际交往中，幽默的谈吐会让交谈变得轻松，迅速消除双方之间的陌生感。

其实，讲话的最高境界就是幽默。当一个人能够在轻描淡写中巧妙地运用幽默语言，将一件看似平淡或沉重的事情说得人人想笑的时候，这个人的口才一定是最好的。

（1）以幽默的语言作为开场白

我在前面已经说过，开场白是决定演讲成败的很重要的因素，它奠定了整场演讲的氛围和基调。演讲者如果在一开始就板起面孔，一脸的严肃，那么接下来的演讲就很难在活跃的气氛中进行了，而若是在开端之际就与听众建立起良好的沟通氛围，与听众拉近了关系，后面的演讲就会很畅通了。因此，以幽默开场是一种不错的演讲技巧，它能够在一开始消除与听众的隔阂，缩小双方的距离。

在演讲尚未进入正式阶段，也就是当你还没有发表正文之前，你可以搜寻出一些有笑点的题材和方式，幽大家一默。比如，美国有位黑人先生曾在一群白人当中发表关于解放黑奴的演讲，他是这样做开场白的："女士们，先生们，晚上好！我来到这里，与其说是发表演讲，不如说是来给大家添点'颜色'的。"

黑人先生的自嘲逗乐了台下的听众。众所周知，种族问题在当时的美国是一个非常敏感而沉重的话题，然而由于演讲者以自嘲的幽默手法作为开场白，顿时就使得人们心中由于种族差异而产生的心理障碍消于无形，与此同时，这也有利于争取听众支持和赞同他的观点。

（2）以幽默应对突发状况

有的时候，演讲者在发表演讲的过程中会遇到一些意想不到的突发状况，比如，自己一腔热情地准备演讲，忽然发现门庭冷落，听众寂寥无几；有的听众故意捣乱滋事；有的听众不同意演讲者的观点，提出一些刁钻问题来故意刁难；等等。

遇到这样的突发状况，你首先要做的就是心平气和，既不要心生气馁，也不要对捣乱者动怒，态度粗鲁地对待他们，否则你的演讲必定是要失败的。第一流的演讲家往往利用幽默的语言，机智巧妙地应对这种意外突发状况。

有一次，林语堂先生在哥伦比亚发表了一次演讲，演讲的主题是谈论中国文化。在演讲的过程中，台下的一位女学生对他极力宣扬中国传统文化有些不服气，站起来反驳道："林博士，您的意思是说，你们中国的东西什么都好喽？难道我们美国就没有一样东西比你们中国的好吗?"这个问题来得太突然，倘若反过来赞扬美国，就会推倒自己演讲的主题；而若是严肃地予以驳斥，势必会引起在座听众们的反感和敌意。

面对女学生的刁难，林语堂只是微微一笑，不慌不忙地说："有的，你们美国的马桶就比我们中国的好嘛。"话音刚落，演讲厅里一片哄然，剑拔弩张的气氛顿时一扫而光，立刻变得融洽而活跃，那位女学生对他的回答也无话可说。

你在演讲时所阐述的观点和看法，不见得能够被所有的听众接受。所以当听众之中有不同的声音出现时，不可漠然视之，如果不将与听众的分歧进行恰当的处理，你的观点就很难令人心悦诚服。有时候演讲者会遭到一些有预谋的恶意抨击，甚至是咒骂，如果你勃然大怒，与之针锋相对地相互攻讦，就会令你在听众面前形象顿失，让滋事者的阴谋得逞。

英国的威尔逊首相曾在一次民众大会上发表演讲，在这过程中遇到一些抗议者的强烈反对，其中有一名抗议者就大声咒骂道："垃圾!”威尔逊首相镇定自若地回应道:“先生,这是你所关心的话题,我们待会儿再讨论。”

他很幽默地将抗议者的粗鲁转化成现实中需要解决的生活问题,从而摆脱了自己尴尬的窘境,并且松弛了现场的气氛,变被动为主动。

(3)以幽默语言作为结束语

演讲的结束语可以有很多种形式,然而幽默的结束语显得更具情趣,在欢笑声中结束你的演讲,给听众留下一段美好而愉快的回忆,这样就会使你的观点深深地印在听众的脑海里,让你的演讲圆满地结束。

鲁迅先生曾在演讲即将结束的时候,以这样的方式结尾:

“以上是我近年来对于美术界观察所得的几点意见。今天我带来一幅中国五千年文化的结晶,请大家欣赏欣赏。”说完,他一手伸进了自己的长袍里,拿出了一卷旧纸,原来是一副陈旧的月份牌,顿时全场一片爆笑。

鲁迅先生以反语作为结束语,配合着他恰到好处的动作表演,使整场演讲幽默十足,听众在欢快的气氛中细细地品味着鲁迅演讲中的深意,因而这场演讲就变得更具艺术魅力。

2. 讲故事、说笑话培养你的幽默感

好口才不是干巴巴的说理,也不是高调的抒情。单纯的说理或抒情都是索然无味的。单纯的说理让人感觉像个老学究,单纯的抒情又让人觉得扭捏造作。因为这样说话让听众觉得像是飘在天上,

没有脚踏实地的感觉。

其实，说理的语言起到的作用是总结，是升华。抒情性的文字是画龙点睛、锦上添花。这两种方式的应用重在凝练，而不该连篇累牍。如何避免说理性和抒情性语言的大量使用，使其发挥应有的作用？最重要的方法是加入一些叙事性的文字，也就是说加入一些小故事、小笑话。

在说话的过程中加入故事、笑话，能更好地吸引听众的注意力。这一点，早在先秦时代，人们就意识到了，把讲故事、说笑话用在游说活动中。

孟子是个非常擅长用故事的人。在游说的过程中，为了提起对方的兴趣，他一般不会直接切入，向对方直述自己的主张，而往往是用一个故事开头。像他对齐宣王说明君王如果不能好好治理好国家就应该被废掉的道理时，他用了一个小故事开始他的谈话。

他说："大王，您的一个大臣要去楚国游历，把他的妻子和孩子托付给他的一个朋友。结果回来之后，他的妻子挨饿受冻，这时候他该怎么办？"

齐宣王说："和他断绝交情。"孟子接着问："一个执行法纪、掌管刑罚的长官，却连他自己的部下都管不了呢？"

齐宣王说："罢免他。"孟子又说："国家没有治理好，那该怎么办呢？"齐宣王看着身边的人扯别的问题。

假如说孟子一上来就说一个国君治理不好国家会出现怎样严重的后果，长篇大论地讲道理，齐宣王肯定听他说几句就烦了，不会

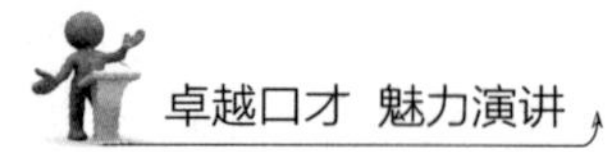

听他讲这么长时间。因为他平时听惯了这些大道理。而孟子用一个故事开头，对齐宣王来说是非常新鲜的，紧紧地抓住了他的注意力，引起了他倾听的兴趣。让他在饶有兴趣的语言环境中进入了孟子设的“语言圈套”，不知不觉地跟着孟子的思路走，比单纯地谈论大道理效果要好上很多。

加入故事，除了能够吸引听众的注意力之外，还能使自己说的话生动形象，让听众更容易理解自己的观点。这就是把观点落到实处的最好办法。找到能够说明自己观点的故事，生动形象地讲给听众听，让他们从故事中得到启示，而后说出自己的观点就顺理成章了，更容易被人们接受。上述孟子的案例不仅说明故事能吸引听众的注意，也能证明故事能够让听众轻松地理解自己的观点。

另外，加入故事，可以让谈话的气氛更加活跃。谈话谈得久了，人们难免会有疲倦感。这时候，如果有人讲一个轻松幽默的小故事，一定能够活跃现场的气氛，人们的情绪会再度被调动起来。故事最好能够与谈话的内容相关，如果不相关，幽默有趣也可以，起码会让人们轻松一笑，缓解疲惫的感受。

要培养讲故事、说笑话的能力，可以从三个方面着手。

(1) 做收集故事的有心人

幽默不是与生俱来的，是后天培养的。幽默的源泉来自于生活当中的观察和积累。现在媒体四通八达，从报纸、杂志、图书、网络、电视上，每天都可以接触到很多小故事、小幽默，觉得好的，就记录下来，在一些场合上，就可以实行拿来主义，直接用上了。

这些小故事，犹如做饭用的米，做饭就如同幽默，有了积累，才不至于关键时刻“巧妇难为无米之炊”了。

（2）讲故事、说笑话要有章可循

如果你天生缺乏幽默感，不会讲故事，也不会说笑话，怎么办？按照下面方法去做，你一定可以在谈话中，讲上一两段小故事。

第一步，充分思考，从大脑中调出适合这次谈话的素材，选定材料后，迅速组织语言。

第二步，充分调动自己的情绪，让自己先融入所要讲的故事当中，先感染自己，才能够感染别人。

第三步，要有一个精彩的开场白，能够提起听众的兴趣，让听众有继续听下去的欲望。

第四步，语言流畅，条理清晰，内容精练，切忌唠唠叨叨。

第五步，讲的时候，要适当运用一些肢体语言和眼神，与听众沟通。

第六步，可以适度地停顿，加上惊讶、感叹、疑问等语气。

第七步，结尾时，把你讲的最有价值的部分强调出来，增加印象。

通过上面的七步练习法，多实践、多练习，创造机会给你的听众说笑话、讲故事，提高自己的说话水平。

（3）讲故事、说笑话的训练方式

可以通过积累故事、笑话的四种方式来实现。

第一，多看名人幽默故事。

第二，和身边的人适度地开玩笑。

第三，试着说些俏皮话、歇后语。

第四，保持乐观积极的心态。

3. 讲故事、说笑话的技巧

汉语文化博大精深，蕴涵着丰富的幽默技巧。

（1）巧用歇后语

谈话的时候，运用歇后语能够活跃气氛。表示莫名其妙，可以说：“丈二和尚——摸不着头脑。”

（2）巧用比喻

比喻能使语言生动、活泼，达到好的交流效果。比如，老师对着下面吵吵闹闹的女同学皱了皱眉头说：“一个女生等于500只鸭子。”正巧师母和女儿来找老师，一个眼尖的女生对老师说：“老师，门口有1000只鸭子找你。”话音刚落，教师里一片大笑。

（3）巧用错别字

有时候，在做生意时，故意把某个字写错，产生幽默的效果，让人感觉愉悦。一个商店门口写了“面包另售”四个字，一个顾客看了，说“零售的‘零’写错了，写了个别字。”

老板说：“没错呀，别字旁边还有个立刀。”

第四节　如何让听众信服

据《论语·乡党》记载：“孔子于乡党，恂恂如也，似不能言者。其在宗庙朝廷，便便然；唯谨尔。朝与下大夫言，侃侃如也；与上大夫言，誾誾如也。君在，踧踖如也，与与如也。”

这段古文的意思是说，孔子在亲戚长辈面前，表现得“恂恂”，也就是忠厚老实，说话拘谨；在宗庙朝廷，是“便便”，也即是恭恭敬敬；而与下大夫说话时，孔子马上变得“侃侃”，开始谈笑风生了；当与上大夫谈话时，他又“誾誾”，即做出善意的规劝；最后见了皇帝，孔子是“踧踖”，恭敬之余还加上惭愧，并且“与与”，即不“驳嘴”。

这种针对不同的人采取不同说话风格的技巧，后来就被总结为“见人说人话，见鬼说鬼话”。

1. 找出听众的问题、需求和渴望

为什么我们必须根据听众的不同来调整自己的演讲风格和内容？因为人的本性，都是只关心与自己有关的事情或发生在自己身边的事情。如果你讲的事情与他们没多大关系甚至相差十万八千里，那么他们就会缺少听下去的兴趣。

这类似于我们看新闻，即便电视连番不断地播放国外“水深火热”的景象，我们也不会太往心里去。反之，如果新闻播放的是与我们有关的人或事，哪怕只有几秒钟，哪怕只是邻居之间吵架拌嘴的一点小事，我们也会津津有味地把它看完。

爱利克·仲思敦曾任美国商会会长和电影协会会长，他的每一次演讲几乎都会使用这种“见人说人话，见鬼说鬼话”的技巧。比

如，他在俄克拉荷马大学的毕业典礼的演讲上，一开始是这么说的："尊敬的各位俄克拉荷马的公民，你们想必都非常熟悉那些习惯于危言耸听的骗子。你们一定会记得，他们曾经拒绝将俄克拉荷马州列入书本，认为它是一种没有任何希望的冒险……"

当第一句话说出口之后，仲思敦与听众的距离立即拉近了。因为他让听众明白了，他的演讲是专门为他们准备的。他所说的事情必然能够吸引听众的注意力，因为迎合了听众的兴趣。

成功的沟通有赖于演讲者使其演讲成为听众的一部分，并使听众成为其演讲的一部分。"如何寻找自己"作为康维尔最受欢迎的演讲题目，却没有一份标准的演讲稿，原因就在这里。这就是在教你如何找出听众的问题、需求和渴望。

2. 回答听众最关心的五个问题

在演讲时，台下听众在想什么呢？他们来听的目的是什么？什么样的演讲才能打动他们？

要想做一场成功的演讲，就要猜透听众的心理。听众的心理有五种，只要你掌握了下面这五种心理，那么你的演讲就会是成功的。

（1）你是谁

对听众来说，演讲者的情况是必须要了解的。听演讲的人，看到有个人上台，第一反应就是问自己：这个人是谁？

针对听众关心的问题，你要在演讲一开始就给出答案，如实告诉听众你的成就、本事等，并且能证明你取得的成就，这样大家才觉得你说的是可信的，而不是纸上谈兵。

（2）我为什么要听你讲

台下听演讲的人，不是闲着没事做来打发时间的，也不是来听你讲无聊的事情的，而是希望听完你的演讲能获得某些好处。

所以你上台演讲，就要为听众解决心中这个疑问。

（3）你讲的内容对我有什么好处

没有好处的事，谁也不愿意去做。所以，你要回答听众，听完你今天的演讲，他们会得到什么好处。

（4）如何证明你讲的是真的

如果你一开始就解决听众最关心的这几个问题，是不是听众就会认为听你的演讲是值得听的呢?

在你告诉听众听了这个演讲有种种好处之后，其实他们心中还是有疑问的。为了让你的演讲生动真实，你在分享的过程往往会加入一些案例。

这时，听众就会在心里问自己：这不是你胡编乱造的吧？所以，你在举这样的例子时，一定要向听众证明这是真实的。尽管这些是你的亲身经历，但如果没有依据，大家就会觉得你是在吹牛，就会对你说的话嗤之以鼻。

（5）为什么我按照你讲的意见去做是正确的选择

当你要求别人按照你的意思去做某件事时，你需要给他充分的理由：这样做会有什么好处，不这样做会有什么坏处。为什么这样做是正确的选择，你必须要证明给别人看。

3. 因势利导，激发共鸣

要使听众心服口服，你在演讲时不可违背听众的意愿，采取逼迫，甚至威胁的手段要听众接受你的观点。

你应当牢记在心的是，只有当你的观点能够引起听众感情共鸣时，你的观点才容易为听众所接受。

林肯曾说：“当我在与对方展开一场论战时，我会先找到一个与对方共同的认同点。”林肯一语道破了说服性演讲的秘诀，他在任期间，曾针对解放黑奴问题无数次与人争论，但即使在最激烈的辩论中，他都能找到与对方共有的认同点。一份中立的报纸曾经对他的一场演讲做过如下的报道：

在论战的前30分钟里，他提出的每一个观点都能被反对者所接受，于是在不知不觉中林肯就将他的反对者逐渐引领到他的立场上，直到最后那些反对者才忽然意识到，自己已经被引入了栏圈里了。

道理很明显，演讲者倘若一开始就跟听众在观点上发生分歧和矛盾，只会因双方的争执而坚定他们的固执，反对者只会负隅顽抗，绝不可能改变他们的观念和思想。

因此，要想激发听众共鸣，一开始就先强调双方都赞同或相信的观点，然后在恰当的时机切入正题，让听众愿闻其详，这样不是对你的说服性演讲大大有利吗？

紧接着，你再去引导听众自己去追寻最终的答案，当听众在独立思考的同时，你将一件件确凿无疑的事实陈列在他们面前，因而他们就会在潜意识中接受你的引导，最终信服和接受你的观点。

4. 描绘未来而不是谈论现在

当你想要说服一个人的时候，最好的办法不是去否定对方的观点，而是给对方描绘一个可信的未来，当他相信你所描绘的未来时，你已经说服了对方。

马云强大的说服力，就是用这种方法实现的。

2009 年 5 月，在中国首届网商交易大会上，马云又发表了一篇典型马氏风格的演讲：

如果马云可以成功，中国 80% 的年轻人都可以成功……我跟大家没有任何的区别，而且唯一的区别，我比在座所有的人都长得怪一点，长得丑一点……

我自己感觉，因为互联网，因为前十年的变化，我们才走到今天，未来的十年互联网和电子商务的变化会更大，假如没有时代的变化，没有这场经济危机，我相信在座绝大部分的人没有十年后成功的可能性。

互联网的崛起，电子商务的崛起，将彻底改变未来，彻底影响我们的生活，社会已经发生剧烈的变化，我想告诉大家的是，2009 年互联网和电子商务只完成了第一个阶段，就是机会。大家都说机会被阿里巴巴和淘宝、百度、谷歌和腾讯抢去了，我告诉大家机会还没有开始，所有的机会都会在未来十年内真正地开始。

告诉大家一个可信的发展趋势，这就是马云说服听众的技巧。不过，在早些时候，尤其是创业的初期阶段，更多的人把马云对未来的判断当成了狂妄或者忽悠。甚至一起创业的十八罗汉当中，也有一些人对他最初的描述持半信半疑的态度。当马云在眉飞色舞地讲述未来的美好前景时，他们的内心却是忐忑不安的："能行吗？他说得这么好听，可我听着实在像一幅海市蜃楼。"

但是，这种半信半疑的日子很快就过去了。当马云利用他天才般的口才成功说服孙正义等投资者，拿到自己需要的投资基金后，他也开始折服成千上万的普通客户。一位美国人说："当我听到他说第一句时，我就被打动了。如果我有一亿美金，我会立刻拿出5000万美金投资他的公司，不会有任何犹豫。"

人们愿意做这种大胆决定的原因，就是马云在兜售他的理念时的技巧。他会让你感受到互联网商业带来的冲击，使你不由自主地认同他的一切观点，并感到他会带着你在互联网的大海中不停地捞金子，一直捞到你的船舱根本装不下为止。

其实，马云的每次讲话都差不多，无非是在谈阿里巴巴集团及其旗下子公司。但马云的高明之处在于，他演讲的落脚点不是宣传公司如何如何好，而是升华到互联网能为人们做什么。

他的演讲，就像给在场的网商注射了鸡血，个个崇拜、欣喜且斗志昂扬。这样的场景，毫不逊色于作战前统帅激情洋溢的作战宣言、士兵们急于赴死的激情。

第五节　利用展示品来辅助演讲

1. 借助展示品提升演讲说服力

要让演讲更具说服力，光靠三寸不烂之舌是远远不够的，最好能借助一些外物，比如展示品。

我们先来了解一下什么是展示品。比如，照片、奖状、视频、顾客的讲话等，我将它们统称为展示品。这些展示品对演讲来说是非常有用的辅助工具，在任何一场演讲中都不要忘记使用它们。

比如，讲减肥成功的案例时，你要拿以前很胖时的照片和现在的你做对比，证明你的减肥方法是有效的。

你在讲业绩倍增的方法时，你能不能展示一些倍增业绩的图表给听众看呢？正所谓“有图有真相”。

你在推广降血压保健品时，你能不能拿出医生的健康报告给顾客看呢？最好有医生的亲笔签名，证明你的保健品是好的。

如果你曾得到某重要领导的接见，或者举办过万人瞩目的演讲，那么你能不能将这样的视频调出来给大家看呢？

你在台上讲的一切事迹、案例，都要拿出有形的物品作为证据展示给听众看。为什么要这样呢？

告诉你一条定律：人们不相信他听见的，人们相信他看见的。而展示品可以为听众提供他们想看的一切。

2. 运用展示品的五个关键

运用展示品对演讲的作用非常大。但是很多人并不知道如何正确使用它，结果往往是弄巧成拙。若要它发挥最佳的效果，要注意以下五个关键。

（1）只有在要用的时候，才举起展示品

很多演讲者会犯这样的错误，一上台手里就拿着展示品，直到演讲结束。

这是不正确的做法，一是让听众觉得你是在照本宣科，二是影响听众的注意力。

记住，展示品只在要用到的时候拿出来，才能发挥理想的效果。

（2）你要举到大家都能看得到的高度

当你拿出来展示品给大家看时，不要把它放在胸前的位置。因为坐在后面的人很可能被前面的人挡住视线而看不到你展示的东西，这样的动作是无效的。

因此，为了让在场的人都能清楚地看到你所展示的东西，你要将它们举到一个合适的高度。

（3）不要挡到你的脸

当你讲到某家报纸对你的报道时，你不要拿起报纸就将自己整张脸给遮住了，然后说："大家请看这是我的故事，这篇文章有讲到我倍增业绩的，有我捐款的画面……"

这是非常不专业的表现，同时也是一种不尊重听众的行为。正确的做法是，你要面向听众，并让报纸侧面对着你。总之，在演讲中肢体动作是有讲究的，也是一门学问，演讲时大家一定要注意。

（4）要对听众讲话，而不是对展示品讲话

有个人的演讲是推广某仪器，他对大家说："现在我向大家介绍一台韩国进口的美容仪器，效果非常好，某某明星都在使用。用后，你会变得青春靓丽……"

他在向大家展示这台美容仪器时，目光从没离开过美容仪器，完全忘记听众的存在了。这也是错误的做法，仪器是用来做实验的，而不是让它来充当听众的。

在介绍它的时候，你要时不时地抬头与下面的听众交流。

（5）用完就要把它们放到一边

当你把与展示品相关的内容讲完后，你就要把它们统统移开。视频要关掉，资料要收起来，仪器要搬走，等等，总之一切与演讲无关的东西都要收起来。

因为台上的主角是你，而不是展示品，因此没有它们的戏份时，它们就不能出现，以免喧宾夺主。

第七章

当众演讲与沟通场景

第一节　酒宴致辞

1. 开业致辞：简短、热烈

开业仪式，一般指公司、宾馆、商店、银行等在正式营业之前举行的相关仪式，其目的是提升企业的知名度和美誉度，塑造一个良好的开端，以吸引社会各界及其同行业的关注。

开业仪式致辞应该简短、热烈，对来宾的光临表示感谢。比如：

尊敬的各位领导、各位嘉宾，女士们、先生们、朋友们：

大家好！

在即将跨入新年的时刻，我们彩虹之麓田园风格餐厅在各级领导、广大朋友的关心支持下经过两个月的磨合与调整后，十分欣喜地迎来了开业这一隆重的时刻。餐厅的建成凝聚了全体建设者的汗水，凝聚着亲朋好友的理解和支持，凝聚了上级领导的关心与厚爱。

在这隆重的时刻，请允许我代表全体职工向关心支持我们的各位领导和朋友表示衷心的感谢！

彩虹之麓田园风格餐厅将秉承“宾客至上、服务第一”的待客宗旨，永远把客人当作自己的亲戚和朋友，以“热情、周到、细微、高效”的服务赢得您的认同——在这里，您的期望就是我们的关注，在这里，您的微笑就是对我们最大的肯定！我们将以先进的设施、一流的服务、高效的管理、大众消费的价格、美味可口的佳肴为您营造一个温馨、舒适的驿站，为您留下美好回忆！

彩虹之麓田园风格餐厅主营菜品均经本餐厅厨师精心钻研、改良，以适合咱们当地饮食口味的安徽、四川两地的特色菜肴为主，聚集江湖特色菜为辅。“金杯银杯，不如老百姓的口碑；金奖银奖，不如老百姓的夸奖。”酒店开业之后，我们期待各位领导、四方来宾、各界朋友予以更多的支持、关心和理解；同时也希望全体员工规范运作，热忱服务，爱岗敬业，尽心尽力把彩虹之麓田园风格餐厅做成咱们郑州市有品位、有档次、有影响、有效益的一流高品位餐厅！

最后，祝愿各位嘉宾身体健康，万事顺意，家庭幸福，彩虹之麓田园风格餐厅愿成为您永远的朋友！

谢谢！

2. 剪彩仪式：发言庆祝、喜庆

剪彩作为一项庆典活动，一般在开业仪式上举行，庆祝开业大吉。也可以举办单独的剪彩仪式，扩大影响，以引起社会各界的注意。

剪彩仪式上的发言不要太长，但要体现出庆祝、喜庆的气氛。例如，下面是旅游景点剪彩仪式欢迎词。

尊敬的各位领导、各位来宾：

在这万紫千红、阳光明媚的春光里，在“五一”黄金旅游周即将来临的日子里，我们相聚在美丽的圣仁堂民俗村，隆重举行大别山奇石馆剪彩仪式。在此，我谨代表全村父老乡亲向不辞辛劳前来参加仪式的各位领导、各位来宾表示最热烈的欢迎，并致以崇高的敬意！

我们九资河镇圣仁堂村地处大别山主峰天堂寨脚下，全村版图面积 8 平方千米，辖 4 个村民小组，169 户，656 人。境内的山峦起伏、溪流交错、森林茂盛、景色秀丽，是一处避暑度假、休闲娱乐的理想场所。近年来，随着旅游业的不断升温，我们积极利用得天独厚的区位优势和自然资源，把生态民俗旅游作为特色主导产业来抓，不断加大开发建设力度，先后兴建青砖古瓦的农家旅馆 50 家，完善路、水、电的配套设施，开发森林探幽、峡谷漂流、田园漫步等游乐项目，旅游业蓬勃发展，使我们圣仁堂村由昔日贫困的小山村一跃成为全市、全省乃至全国有一定影响的旅游专业村，并连续多年跻身全县经济实力十强村。

这次投资 10 万元的大别山奇石馆建成开业，是我们充分利用大别山奇石林立、千姿百态的自然景观优势，让游客在领略乡村田园风光的同时，观赏惟妙惟肖的奇石，聆听动人的历史传说，鉴赏大自然的鬼斧神工。大别山奇石馆的建成将进一步展现“吃农家馆、住农家屋、干农家活、观田园风光、玩峡谷漂流、赏大别山奇石、卖土特产品、看民俗风情表演”的圣仁堂民俗旅游特点，进一步完善了吃、住、行、游、购、娱，进一步推动圣仁堂村民俗生态旅游业发展。

“好风凭借力，送我上青云。”借此机会，请允许我代表圣仁堂村全体村民，衷心感谢所有关心支持圣仁堂建设与发展的各位领导、各位朋友，真诚地希望您们对我们的工作多提宝贵意见。我们有理由相信，有各位领导的关心，有各界朋友的支持，有全村人民的共同努力，我们圣仁堂村的明天一定会更美好！

最后，祝各位领导、各位来宾，身体健康、万事如意！

谢谢大家。

3. 签字仪式：表决心、展望未来

签字仪式是指双方经过会谈、协商或者谈判，形成某项协议或者协定，再互换正式文体的形式，是一种比较隆重的活动。

在签字仪式上的发言可长可短，视情况而定。发言内容一般要对顺利达成协议表示庆祝、表决心、展望未来。

闫庄电子厂的谈判代表毅强终于和海东公司签订了协议。光临签字仪式的还有双方的高层领导，以及同行的朋友。以下是他的发言。

尊敬的各位领导、各位来宾、女士们、先生们、同行的朋友们：

大家好！

今天是一个值得庆祝的日子，大家热切盼望和渴望的合作终于签订合同了！合同的签订，标志着我们厂和海东公司已经进入全面的合作阶段，从此我厂有了更加顺畅的销售渠道，贵厂也有了稳定的货物来源，我们的合作达到了共赢！

我们一定会履行合同中的各项承诺，严格按照合同办事。希望在我们双方的共同努力下，两家公司的经济效益都能够获得最大幅度的提高，我们的前景更加辉煌！

最后，祝愿大家天天都有好心情，人人都有好家庭，个个都有好身体！

谢谢！

4. 答谢仪式：表示衷心感谢

答谢礼仪，一般是指宾客对主人的热情款待表示感谢。答谢发言一般要有称谓，明确要感谢的对象，并且表示衷心感谢和祝愿，在结尾时再次表示感谢。

张伟是河北梆子剧团的团长，他带领剧团去山东参加地方戏汇演，受到山东各界人民的热烈欢迎。为了答谢山东人民，张伟将致辞表达谢意。

女士们、先生们，各位朋友：

我很荣幸代表河北梆子剧团，在这里对山东人民的厚爱表示感谢。

我们河北梆子剧团前期做了不少工作，目的就是希望带给大家一场完美的演出。艺术是不分地区的，戏剧让我们走到了一起。

感谢大会组委会对我们的邀请，感谢各个岗位上的工作人员对这次活动的准备工作所付出的辛勤劳动和汗水。我们刚刚来到山东，就被山东人民的热情所感动。感谢山东人民对我们的盛情款待！再一次感谢大家！谢谢！

第二节　欢迎与欢送

1. 致欢迎词

欢迎词是接待工作中经常使用的演讲，需要注意的是，致欢迎词的时候，站姿是相当重要的。如果是男性演讲者，则要注意双脚与肩同宽；如果是女性演讲者，则可以使用斜丁字步方式站立。

演讲者应右手拿话筒，话筒位置应在右口角下面。面部的重要器官是嘴唇，沟通时声音、口型避免扑话筒，否则由于话筒遮挡容易造成歪嘴“左高右低”。

致欢迎词的演讲内容一般包括：

表示欢迎：例如“欢迎光临。”

介绍人员：例如“这是某某某。”

预告项目：例如“我们今天的活动安排是……”

表明态度：例如“再次真心欢迎您的光临。”

预祝成功：例如“让我们……”

请反复练习下面的祝贺词，以便在适当的场合能自如使用：

一家瑞气，二气雍和，三星拱户，四季平安，五星高照，六畜兴旺，万事如意！

只有懂得生活的人，才能领略到腊梅的清馨；只有懂得关爱的人，才能感受到生命的美丽；只有经过不懈努力的人，才深深知道幸福来之不易。祝你事业成功！

清晨曙光初现，幸福在你身边；当午艳阳高照，微笑在你心间；傍晚日落西山，欢乐伴你一天！祝你每天都开心！

心愿是风，快乐是帆，祝福是船。让心愿的风儿，扬起快乐的帆儿，载着祝福的船儿轻轻地飘向你！祝你有如芝麻开花节节高！

一帆风顺，二龙腾飞，三阳开泰，四季平安，五福临门，六六大顺，七星高照，八方来财，九九同心，十全十美。

钟声是我的问候，歌声是我的祝福，雪花是我的贺卡，美酒是我的飞吻，清风是我的拥抱，快乐是我的礼物！统统都送给你！

开心每一秒，快乐每一天，幸福每一年，健康到永远！

风柔雨润好月圆，半岛铁盒伴身边，每日尽显开心颜！冬去春来似水如烟，劳碌人生需尽欢！听一曲轻歌，道一声平安！吉祥万事如愿！

一千朵鲜花给你，要你好好爱自己；一千只纸鹤给你，让烦恼远离你；一千颗幸运星给你，让好运围绕着你，祝你天天快乐！

愿所有的好梦依偎着你，入睡是甜，醒来成真！愿所有的财运笼罩着你！日出遇贵，日落见财！愿所有的吉星呵护着你！时时吉祥！刻刻平安！

2. 致欢送词

活动结束，对参与人员进行送别，可以致欢送词，欢送词的使用和欢迎词非常类似，其主要内容应包括以下方面：

表示惜别：例如“时间过得真快呀。”

感谢合作：例如“再次真心欢迎您的光临。”

回顾过程：例如“今天我们一起……”

征求意见：例如“您觉得某某工作还有哪些需要改进的地方？”

期盼相逢：例如“希望有机会再次合作。”

比如，送你三盆水——在新干部赴任欢送会上的讲话。

同志们：大家早上好！

我们中优秀的一员——王力同志，即将离开这个他播下优良种子、洒下辛勤汗水的老单位，带着党交给的新任务起程去另一个单位拼搏开拓。作为王力同志的老领导、老同事，我为他送上真诚的祝福，还送给王力同志“三盆水”。

第一盆水：用来好好洗洗头。在当今发展社会主义市场经济的大潮中，每个干部要保持清醒的头脑，知人善任，戒骄戒躁。只有头脑清醒，才能在缤纷的世界中明辨是非，开拓进取建奇功。

第二盆水：用来好好洗洗手。手净才能气正，为官要廉洁勤政，两袖清风。常常洗手才能在名利面前不动心，对不义之财不伸手。

第三盆水：用来好好洗洗脚。脚步净才能腿勤，要多往群众中跑，多往基层跑。办法是从群众中来的，功业也是群众创造的，脱离了群众则将一事无成。

同志们，今天，让我们再一次真诚地祝愿，祝愿王力同志在新的工作岗位上更展风采。

谢谢大家！

第三节 竞职演讲

如果是竞聘岗位，则竞聘演讲的成败是非常关键的，好的竞聘演讲能让别人产生信任感，将工作很放心地交托于你；而失败的竞聘演讲会让别人觉得竞聘者缺乏胜任这份工作的能力。

竞聘的时候，由于被称呼的对象是特定的，就是各位考官或者各位领导。所以，称呼语、问候语基本上也是固定的了。例如：“尊敬的各位考官，早上好”或者“各位领导，你们好”。

1. 对自己条件的介绍

自我介绍的第一步就是要告诉考官你是谁。关于你是谁的个人信息很多，但你必须选择其中较重要的，能突出个性的，跟岗位匹配度高的因素。比如，名字、年龄、籍贯、爱好特长、教育背景、个性这六个因素中，我认为，名字和爱好特长更加重要。

如果你能个性化地介绍自己的名字，不仅能引起考官的注意，而且还可以使竞聘的氛围变得轻松。例如："我叫邵飞，谐音少点是非，父亲给我取这个名字，就是希望我以后在工作生活中少一些是非。""我叫俞非鱼，俞伯牙的俞，非鱼则出自《庄子·秋水》中'子非鱼，安知鱼之乐？'这句话，父母亲希望我过得像鱼儿一般逍遥自在。"

如果你能有针对性地介绍自己的爱好特长，更能引起考官的格外关注。例如，作为应届毕业生，如果你应聘的岗位是管理培训生或者储备干部，而你是这样告诉考官，说你从小喜欢跟人打交道，在学生时代参加过很多次校团委干部竞选并能如愿当选，我相信你的求职面试率会高很多。

2. 对自己能力的介绍

对自己能力的介绍，是介绍自己做成过什么，代表着你的能力和水平。所以，你主要介绍与应聘岗位所需能力相关的个人业绩即可。同时，你在介绍个人业绩的时候，需要注意如下几个问题：

要重点介绍那些能体现自己能力的内容，不要说流水账。

业绩要跟所应聘岗位需求的能力匹配。如果你应聘的是人事经理，就不需要介绍你当年的销售业绩是怎样的惊人，尽管你曾经是一名销售冠军。

要重点介绍"你自己"的业绩，而不是团队的业绩。因为用人单位要招聘的是"你"，而不是"你们"。

在介绍业绩的时候，不要用定性的"很好"、"很多"等形容词，也不要用模糊的“大概”、“基本”、“大约”等副词，要以具体数字说话。例如：“2010 年的 7 月，我卖出去了 20 辆汽车。”

在介绍取得业绩的具体过程中，最好说说你的工作体会。例如：“在公司第一次推行绩效考核的过程中，我碰到了很多想象不到的困难，不过，这些困难最终还是被克服了，我从中学到了不少东西。”因为这么一来，考官肯定还会继续追问你，到底碰到了哪些棘手的问题，到底是怎么解决的。那你就可以进一步阐述具体的细节内容，体现自己处理问题的能力了。

3. 对未来工作的预想

对未来工作的预想，代表着你的理想和潜能。在这个部分，你可以介绍自己对应聘岗位、行业的看法和期待。

同时，你也可说说自己对工作的兴趣和热情，自己的未来职业规划等。例如：“我觉得这是一个朝阳的行业，并且这个岗位很锻炼人，我愿意在这个岗位上待个三五年。”

下面是一篇竞选经理的演说词。

各位领导、各位同事：

大家好！

在这里我以平常心的心态，参与支行综合办公室经理岗位的竞聘。首先应感谢支行领导为我们创造了这次公平竞争的机会！此次竞聘，本人并非只是为了当官，更多的是为了响应人事制度改革的召唤，在有可能的情况下实现自己的人生价值。

我现年43岁，中国共产党党员，大专文化程度，会计师专业技术职称。1975年在枝江市供销社参加工作，先后做过营业员、门市部主任、统计员。1985年调入枝江市总工会，担任图书管理员、出纳员、会计、财务、办公室副主任、计财科副科长。

经过几年银行工作的锻炼，自己各方面的素质均得到提高，1984年我光荣地加入了中国共产党，荣幸地被三峡分行评为1998年度先进工作者，在创业业务竞选活动中，被分行授予“三收能手”的称号。1999年度我实现了个人揽存余额1300万元的任务。几年的工作使我深深地感到机遇和挑战并存，成功与辛酸同在。

参与这次竞聘，我愿在求务实中认识自己，在积极进取中不断追求，在拼搏奉献中实现价值，在市场竞争中完善自己。

我深知综合办公室工作十分重要，这主要体现在以下三个方面：一是为支行领导当好参谋，二是为全行事务当好主管，三是为一线员工当好后盾。具体说就是摆正位置，当好配角；胸怀全局，当好参谋；服从领导，当好助手。

我也深知，办公室工作非常辛苦，正如前一段社会流传的那样：在办公室工作的同志就像忠诚的狗，老实的羊，受气的猪，吃草的牛，忙碌的马。可是他们像蜡一样，燃烧自己，照亮别人；他们像竹一样，掏空自己，甘为人梯。

如果我竞聘成功，我的工作思路是：以“三个服从”要求自己，以“三个一点”找准工作切入点，以“三个适度”为原则与人相处。

“三个服从”是个性服从党性，感情服从原则，主观服从客观。

做到服务不欠位，主动不越位，服从不偏位，融洽不空位。

“三个一点”是当上级行的要求与我行的实际工作相符时，我会尽最大努力去找结合点；当科室之间发生利益冲突时，我会从政策法规与工作职责上去找平衡点；当行领导之间意见不一致时，我会从几位领导所处的角度和所表达意图上去领悟相同点。

“三个适度”是冷热适度，对人不搞拉拉扯扯、吹吹拍拍，进行等距离相处；刚柔适度，对事当断则断，不优柔寡断；粗细适度，即大事不糊涂，小事不计较。做到对同事多理解，少埋怨，多尊重，少指责，多情义，少冷漠。刺耳的话冷静听，奉承的话警惕听，反对的话分析听，批评的话虚心听，力争在服务中显示实力，在工作中形成动力，在创新中增强压力，在与人交往中凝聚合力。

如果我竞聘成功，我的处事原则和风格是，努力做到严格要求，严密制度，严守纪律，勤学习，勤调查，勤督办。以共同的目标团结人，以有效的管理激励人，以自身的行动带动人。努力做到大事讲原则，小事讲风格，共事讲团结，办事讲效率。管人不整人，用人不疑人。我将用真情和爱心去善待我的每一个同事，使他们的人格得到充分尊重，给他们一个宽松的发展和创业空间。我将用制度和岗位职责去管理我的同事，让他们像圆规一样，找准自己的位置；像尺子一样公正无私；像太阳一样，给人以温暖；像竹子一样每前进一步，小结一次。

如果我竞聘成功，我的工作目标是“以为争位，以位促为。”争取支行领导对综合办公室工作的重视和支持，使办公室工作管理制度化，服务优质化，参谋有效化。让办公室成为支行领导的喉舌，沟通员工与行长之间关系的桥梁，宣传精神文明的窗口，传播企业文化的阵地，培养人才的摇篮，联结银行企业合作的纽带。我愿与大家共创美好的未来，迎接建行辉煌灿烂的明天。

谢谢大家！

第四节　汇报演讲

汇报演讲属于命题演讲，具有充分的准备时间，所以要求演讲的质量要高、整体效果要好。可以总结为高远、大气、全局、文采美。

高远就是演讲者的思想起点高，才能在气场上压倒全场，不仅能够提出前瞻性的观点，而且能够得出远见的结论。让听众认同你的逻辑性，为你的逻辑打分。

选题大气，演讲词也要大气。演讲者的思路要有扩展性，要能统一全局，论点论据环环相扣，才能让听众接受你的观点。

文采美就是用口语将书面语言的精华演说得更有魅力，演讲稿的撰写，决定了这个目标的实现。

汇报演讲主要经过构思、演练和正式演讲三部分，其中最能影响全局的是构思。只有亲自完成这三个阶段，才能更好地运筹帷幄。

在撰写完演讲稿后，就需要反复演练。演练的基本工作就是背诵拟定好的演讲稿。在练习时，要“脸皮厚”，对着身边的人练习，让别人帮助发现自己的不足。比如站姿、手势、口头禅等，才能不断亡羊补牢进行修改和完善。

同时，演练的过程还能够提高演讲者的信心。

一般在前两个阶段，都对演讲过程中的每个细节已经精心设计，比如用开场白来营造气氛，用绕梁三日的话来结尾，但是对于中间部分的高潮起伏，却并非只靠演讲稿就能完全掌控，还需要专门的训练。

汇报演讲不应有太多的客套，而要注重汇报的实质内容，要条理清楚，使用准确有效的数据。一般地，汇报工作应包括以下几点。

1. 目标明确

明确目标就是指要明确汇报什么、为什么汇报。

2. 能简能详

针对不同的情况，要能简能详，是用 10 分钟汇报，还是 30 分钟？50 分钟？

3. 条理清楚

分析与综合，事实与思想。

4. 多种形态

多媒体与纸面的相互转化。

5. 数据准确

用充分的数据说明问题。数据的使用能够在演讲中起到肯定事实、强化演讲效果的作用。

温家宝总理在一次演讲中讲道：瑞士前驻中国大使曾经说过我的脑子像COMPUTER（电脑），我的脑子里确实装了许多数字。这些数字有使我高兴的，也有使我忧虑的。例如说，中国改革开放以来，GDP的增长速度年均在9%以上；中国近5年尽管受到亚洲金融风暴的影响，GDP的增长年均在7.7%，去年达到8%；目前中国的外汇储备达到3000亿美元；等等。这些是使我高兴的。但是，有些数字恐怕连记者也不完全清楚，比如中国的劳动力有7亿4千万，而欧美所有发达国家的劳动力只有4亿3千万。中国每年新增劳动力1000万；下岗和失业人口大约1400万；进城的农民工一般保持在1亿2千万。中国面临巨大的就业压力。中国13亿人口有9亿农民，目前没有摆脱贫困的3000万左右，这是按每年人均收入625元的标准计算的。大家知道，这个标准是低水平的，如果标准再增加200元，农村贫困人口就是9000万。中国东西部差距很大，大家恐怕只是从概念上了解。我想说一个数字，中国沿海五六个省市GDP超过全国GDP总值的50%。这几个数字，已经点出了三个问题：农村问题，就业和贫困人口的问题，东西部地区差距问题。因此，当好中国的总理不容易。如果要我说现在的心情，我觉得身上的担子有千斤重。

第五节 说服性沟通

1. 与客户沟通

与客户沟通是达成一致意见的重要手段，在沟通交流的谈话过程中，演讲的方式和技巧要求比较严格，一般可以遵照下面的原则来开展：

（1）多问少说多听；

（2）点头微笑回应；

（3）避免与其争论；

（4）“同时”取代“但是”；

（5）成败不失风度。

2. 与下属面对面的沟通

作为领导，避免不了要与下属面谈，好的面谈能鼓励下属，能融洽上下级之间的关系，对未来工作的开展非常有益，但组织糟糕的面谈则会令下属失去信心，产生沮丧心态，对工作开展产生障碍。

一般与下属面谈，应设计以下的谈话内容：

（1）先肯定，再建议，最后鼓励；

（2）让他觉得这个主意是他想到的；

（3）用建议而不是命令；

（4）布置工作要得到确认；

（5）提出挑战。

3. 动员号召时的沟通

在现实中，我们为了达到某一目的，需要进行一定的动员号召，动员号召式的沟通一般可以包含以下三方面的内容：

（1）具体地描述事实；

（2）希望大家做什么——要简短、具体、易做；

（3）这样做的好处或理由，只强调一个好处。

第六节　主持会议时的演讲工作

1. 参加新闻发布会的特殊要求

一般而言，新闻发布会的适宜时间在周一到周四的上午十点到十二点。或者下午三点到五点，要特别回避节假日。周五不宜举办新闻发布会，因为周末将至，人心涣散。

新闻发布会的主持人可以由公司的公关部长担任，条件是见多识广、反应敏捷、风趣幽默、形象气质佳、具有驾驭全局的能力并擅长引导提问等。发言人应该由主办单位的主要负责人担任，要求思维敏捷、记忆力强、能言善辩，具有良好的修养和待人接物的经验。

主办单位应该提前准备好宣传提纲，提供给媒体人员。

主持人和发言人要相互配合。他们在新闻发布会上都是一家，因此主持人和发言人的口径必须保持一致，不允许公开顶撞。当媒体提出难以回答或者过于尖锐的话题时，主持人要想方设法转移话题，不能使发言人难堪。

新闻发布会上的发言，代表着公司的形象，所以，必须对讲话的分寸给予重视。首先，讲话要简明扼要，让人一听就懂，又难以忘怀。不能卖弄口才，口若悬河。其次，要提供新闻。没有新闻，自然没有必要开新闻发布会。再次，要生动灵活。说话者的语言是否生动，往往直接影响到现场的气氛。因此，一些幽默、风趣、巧妙的典故不可少。最后，要温文尔雅。发言人能答则答，不能答则巧妙地避实就虚，或者直接说出无可奉告。无论如何，都不能恶语相向，甚至粗暴地打断对方的提问。另外，吞吞吐吐、张口结舌，也不能给人留下好印象。

与媒体打交道，要注意不要和媒体发生对抗。即使媒体出现误报，也要进行解释，消除误解。对于媒体歪曲事实的敌对性的报道，要据理力争，不能采取粗暴的方式。

2. 有效应对会议场上的特殊事件

每个人都希望被人需要，如果能够得到别人的认可，在言语上鼓励了你，那样你在得到薪金之外，还能够得到心理上的满足。

在开会时，你可以告诉你的团队："你们是我见过的最好的团队!"你可以表扬你的人和一个团队的成员。你的鼓励可以大大改变整个会议的基调，带领会议走上积极的方向。

还有一种方式，你可以准备一些特别的东西，比如小糖果、巧克力之类，这些东西总会让人感觉愉悦，鲜花也不错。也不妨带一些有趣的东西，来缓解开会时的压力。要尽力争取大家的支持，构造一个愉悦的开会氛围。

一位销售部门经理李哲正在准备公司的年度销售大会。他希望事先了解会议过程中可能会提到的问题，比如年金、销售区域变化等。但让李哲万万没有想到的是，公司 CEO 竟然中途走入会场，并彻底改变了会议的方向。

就在大家讨论正酣之时，公司 CEO 走入会场，宣布了公司的一次大收购，所以公司的策略将会进行彻底的调整。说完后，CEO 就离开了会议室。

李哲当场也愣住了，他用了那么长的时间来规划会议，希望能够激励大家，提高明年的销售业绩，可是 CEO 的一番话彻底打乱了他的计划。

他张大嘴巴，愣在那里，不知道怎么办才好。等醒过神来，李哲做了一次深呼吸，宣布休会 15 分钟，他要重新组织自己的发言。

突发事件可能随时发生在任何一个主持人身上，如果遇到这样的情况，你也不必惊慌，我们看看李哲是怎么做的。先做个深呼吸使自己恢复镇静。然后看看当初准备的内容，在会议主题出现变化时，看以前准备的内容哪些可以继续用。再次，重新找到会议的重点，组织新的话题。最后，让大家坐下来重新开会。

回到会议室后，李哲给了大家半个小时的发泄怨气的时间。他把每个人的担心和顾虑都铭记在心。比如，有人担心会下岗，有人担心工资会降低，有人担心销售区域会变化，有人担心会频繁地出差……

为了让大家的顾虑得到领导的重视，李哲把大家的意见都总结在一张表格里。但是李哲也不知道该怎么回答这些问题，在总结完这些问题后，他立刻带领大家来了一场头脑风暴，并且根据新情况制订了新的销售方案，就这样，一个突发事件并没有改变会议动员大家的目的。

这个故事告诉我们，一定要学会多想一步，学会尊重对方，了解对方，你的会议主持才能掌控局面。

随着科技发展越来越迅速，更多的高科技手段用在了会议上。比如电子邮件、虚拟会议、网络会议等。新的会议形式更加高效，也能够满足公司节约成本和让更多的人参与进来的需求，但是这些会议形式适时性和交互性更差。人们更愿意能够直接面对面沟通，这种沟通的范围更小，互动性强，大家在一起讨论时，也容易把思路集中，解决问题。

不管是虚拟会议，还是现实会议，人们都喜欢交互，每个人都想知道同事们的想法，而且开会也是一次很好的学习和交流的机会，分享自己所不知道的信息。

3. 魅力回答：如何答记者问

回答记者提问是演讲中经常碰到的情况，而在这种时候，有的记者或提问者往往想通过问题刁难演讲人，这个时候千万不能冲动，要冷静思考问题的要点，寻找完全的解答方式，不能给刁难者继续下套的机会，同时也要给自己保留退路，留下周旋的余地。

回答记者提问可以参考下面的建议进行准备，在临场时，再结合自己的知识阅历，进行现场的灵感发挥，不要急，要面带微笑听取问题，有板有眼地回答。只有经过大量准备，才能达到画龙点睛的回答效果。

具体做法如下：先不要下结论；立刻举例；题目大的话，从小处入手；题目尴尬的话，谈别人；对题目若一无所知，可谈相近的话题。

作为演讲者，应该饱含激情，面带微笑，同时在公众面前要有人情、才情，除了讲固定的内容之外，还可以把现场的人或事件信手拈来，这是让讲话具有亲和力、感染力的一个重要方法。

同时要注意不可冷落任何一个人，包括部下、同事等，例如，可以对角落里的人说“那位同志，你说一说”，通过示意把话语权递给他（她），将这些现场调动起来的内容加到讲话内容里面。

第七节　即兴演讲

随着事业的发展，人们随时随地都有可能接受到记者的采访，应对这些类似的发言就需要掌握即兴演讲的技巧。

即兴演讲就是临时性发表的演讲，它所包含的内容结构如图 7－1 所示：

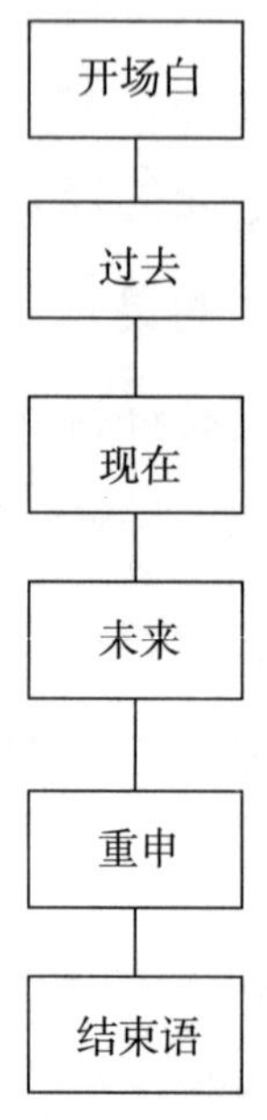

图 7－1 即兴演讲结构图

1. 即兴演讲如何选择合适话题

即兴演讲的最高境界是见什么人说什么话，犹如俗语所说“见着秀才说书，见着屠夫说猪”，投其所好，表达赞美，但绝不应投机取巧，这样容易让别人产生反感，并且对自身的处世观产生误解。

即兴演讲就是出口成章，演讲者要对突如其来的场合，灵活地选择各种各样的话题。那么，如何选择话题呢？

一个即兴演讲，必须选择有价值的话题。演讲者中途被“通知”发表演讲时，一定要对所参加的活动有所了解；即使不了解，也要做好咨询工作，才能在演讲时围绕主题来选择话题。

要选择自己熟悉和擅长的话题，因为有自己的体会，才能形成自己鲜明的观点，才更容易打动读者。如果你选的是陌生的话题，自己都没有弄明白什么意思，只会使演讲者陷入被动的境地。

此外，要选择听众喜欢听的、感兴趣的话题。但是，无论是自己擅长的，还是听众感兴趣的，都要围绕活动的主题来发表演讲。

演讲者一定要有统筹全局的思路，不断转化角度，争取用最恰当的角度和时机来展示自己的演讲魅力。

2. 即兴演讲的技巧训练

即兴演讲的黄金模式是：

（1）昨天、今天、明天……

（2）祝贺、感谢、希望……

即兴演讲的黄金模式就是回顾昨天，对比今天，展望明天，用现身说法的方式得出比较令人信服的结论，也可以是“祝贺事件本身—感谢相关人—希望发展进步”这样的三段式模式。

在没有充分准备的情况下进行即兴演讲，以上的两种模式都是百试不爽的，但如果自己有更充分的准备，则可以按照自己的准备随意发挥，使用不拘一格的方式表达自己的想法。

即兴演讲属于一种高层次的演讲形式，为了迎接这突如其来的挑战，需要从思维方面进行训练。

当演讲者确定话题后，需要将话题进行延伸，跟话题相关的论点、故事、名言警句便可以成为“出口成章”的“下锅菜”。

此外，要借题发挥。包括：借事发挥、借物发挥、借名发挥等。要培养即兴演讲的勇气，在任何场合都不要谦虚，一定要抢先说。否则等别人把话题都说完了，演讲者再讲也就索然无味了。

胡适在一次演讲中的开场白是这样介绍自己的："我今天不是向各位做报告的，我是来'胡说'的，因为我姓胡。"

胡适不仅巧妙地介绍了自己，还活跃了现场气氛，引起了听众的兴趣，真是一石三鸟。

3. 电台、电视台脱口秀

媒体所关注的焦点在企业、企业老总，或者那些被企业指定说话的人身上。如果你想和记者试探他们所掌握的你公司的情况，可能会得到尴尬的结果——除非你有所准备。面对媒体的一瞬间，可能成就你，也可能会毁了你，请看看以下的案例。

一家具有全国影响力的企业出现了可怕的食物中毒事件。为了保全公司的名誉，公司没有向外界透露任何事情，也没有向媒体表态，而是授意它的公关人员去安抚等着采访的记者们。当记者在他们公司的门口等了一天，却毫无结果时，他们准备撤离，这时，公司的一名公关人员向记者们告别说："祝你们周末愉快。"当时，说这句话的人并没有意识到，一架照相机正在按下快门。这句轻率的话就成了这家公司对全国记者电视采访的唯一"官方"

发言。

在对这家公司糟糕的财务信用详细报告出来后，这家公司估计损失上千万的收益。实际上，要不是最后管理部主任陈杰机智地控制了局面，结果可能会更坏。在后来接受采访之前，陈杰事先做好了充分的准备，针对每一个可能会被问到的问题进行了大量的演练。

现在的老总们，习惯了在自己的公司里，面对着善意的环境，可是在媒体尖锐的追问面前就难以招架了。毕竟媒体不是他们的企业，记者更不是他们的员工。所以，等到采访镜头已经对准你时，才想到怎么应对媒体已经为时太晚。

争取主动权是把握媒体的关键。没有经验的受访者根本不懂得抓住主动权，他们也许想，只要对记者提出的问题尽可能多地妥善回答就可以了而不去考虑怎么回避他们不愿意回答的问题。他们没有意识到，应该主动地影响采访的过程。

陈杰在和记者谈话之前，总会事先想想他面对的听众是什么样子的。用一点时间把他的听众的主要特征写下来，如他们住在哪里，多大年龄，从事什么职业，他们赞同什么，反对什么，对节目投入多大的关注度。

在广播中谈话时，他的脑子里都有一个图像。画面中，他正和一个开车上班的人谈话。为了加强效果，他会想象自己正坐在司机旁边的座位上，就像真的坐在司机旁边话说一样。想象成你坐在你的听众旁边。显然，他们并没有全身心地听广播，他们还有很多的事情要做，因为时间忙，他们可能从屋子的这边跑到那边，或者送孩子上学、洗澡等，只能留半只耳朵听广播。

在电视谈话节目里，他会想象一名观众，他的意识集中在一个典雅的女人身上，她生活在一个遥远的农场里，农场的繁忙工作让她疲惫不堪，但是她有兴趣关心发生在遥远的外部世界的事情。他会想着和她坐在她的厨桌对面和她交谈。

这样想象你的听众，有助于使你的听众愿意听你说话、愿意看电视节目。你会感觉和他们正在进行面对面的交谈。让你感觉不是一群人在听、在看、在品头论足，世界上是很多人在听、在看，但是他们在不同的地方。

很多与记者谈话的人都没有意识到他们是在与谁交流，其实他们面对的是公众，而不是记者。即使他们想到谁将去读、去看、去听，也没有进一步思考公众使用媒体的方式。

实际上，人们一般都是在浏览报纸，而不是仔细阅读。人们每天阅读报纸的时间很少。但是听广播的时间要长的多，因为人们在听广播时，还可以做别的事情，比如开车、洗澡、做饭。电视的吸引力相对要大得多，但是同听广播一样，人们对电视并不总是全神贯注。人们不会对媒体上的节目表现出一字不落的专注，因为人们的注意力被分散了。他们手头上还有别的事情，这就意味着听众和观众只是得到了一个印象而不是细节。

在同记者讲话之前，首先要考虑一个问题，从对自己有利的角度考虑，是否该接受这次采访。有时接受采访会把错误描述的越来越黑，若不接受采访，事情就会被淡忘。礼貌地拒绝才是上策。

当需要面对记者采访时，最重要的是按照你的提纲讲话，你的提纲就是你要说的话。如果想让你的发言成为记者的素材，你的提纲就要包含一个观点。所以，你要在你的提纲中把你想要说的东西列出来，并编写上顺序。

大多数的访谈是按照你的提纲展开的。或者说，访谈完全是一边倒的。大多数记者都准备了一些简单的问题。如果你不试图给出你的观点，记者就可能不知道你要表达什么。

怎么从回答完记者的提问转到阐述自己的观点呢？巧妙的转折词就是起这个作用的。你应该为自己积累一些转折词。比如："实际情况是……"、"但是一个更重要的问题是……"、"我想说的是这个……"、"但那并不是最紧迫的问题……"、"这里面的关键是……"、"真正的问题在于……"。

不能只谈自己的东西，而忽视被问的问题。"别拿这个烦我了……"这样的回答效果都不是很好。

其实，每一次好的回答，都包括三个要素：论点、论据、论证。

比如，问题：在北京举办 2008 年奥运会会产生什么影响？

回答这一问题应包括：

论点：这将是北京有史以来举办的最重要的盛事。

论据：因为有比任何时候都多的国家和运动员参加比赛。

论证：全世界观看奥运会的电视观众达到几十亿。

其实，你最后说的可能影响到被问的下一个问题。一旦完成了这三部分，你就闭嘴，不要继续讲太多。

在一次采访中，你怎样说动记者接受你的观点？怎样使你说的话能给人留下深刻的印象？要想达到你要的效果，你必须使你的表达更有表现力。你说的必须是最有趣的话，这句话必须从话语里突出出来。

有经验的发言人都懂得观点凝练的艺术，如果你有一个观点想发表，那么不要将这个观点分散到与之不相干的问题的回答上去。这是保证发言效果的关键。成功的大众形象要素总是这样的：集中、凝练、重复。

遭遇突然性的采访或者遇到刁难的问题，对于有经验的老手来说，很善于应付这样的局面。在应付刁钻的问题时，最好的办法当然是事先预见到，在采访之前先和同事们进行演练，尽可能想到那些难以回答的问题，按照论点、论据、论证的三段论写出答案，认真大声练习。

很多人在面对电视和广播的采访时，好像是在法庭上接受审问一样。其实你不必如此。你不必回答那些硬塞给你的问题。你可以用这样的理由回绝：涉及机密，隐私，诽谤或者无聊的话题。回答一些涉及敏感问题的提问显然是不明智的。不管是什么理由，你必须坚决地、礼貌地说出拒绝回答的理由。

你可以采取这样的一个应对措施：第一个阶段，简单的置之不理。第二个阶段，如果采访者仍然坚持，就说明你拒绝回答这个问题。如果合适的话，你可以告诉他你拒绝的原因。如果采访者继续追问，你就采取断然的手段，重复告诉他，你拒绝回答这个问题。

每一个人都可能会出错，如果你忘记了你要说的或者因为紧张而出了其他严重的错误，就应该要求当场重新来一次。职业老手都会摆脱这样的尴尬，你为什么不能呢？如果记者以后还能够用得着你，你又能在犯错误后保持冷静的话，就可能得到公正的对待。

第八章

职场口才与沟通技巧

第一节 “电话如面谈”，注意职场电话沟通方式

在当前的信息时代，电话已经成为了人们交流沟通的重要手段。大量的信息需要电话来传递。但是电话使用不当，就会给个人的职业生涯和人际关系造成潜在的伤害。所以说，使用电话进行沟通时，要像与他们进行面谈一样谨慎、稳妥。

不要以为打电话只能听到声音，就可以口无遮拦、不守礼数。很多打电话比较随意的人，一边打电话，一边抽烟、喝茶、看报，这是非常失礼的。因为在电话里，一个人在做什么，对方是可以“听”出来的。就像对方坐在你对面和你谈话一样，上述做法是很不礼貌的。

一个人，无论在任何情况下，都应该面带微笑拨打或者接听电话，不能让自己的消极情绪和坏心情殃及电话的另一头。这是一个职业人士的个人修养和职业道德的体现。如果能够做到这一点，就

能赢得客户的好感和同事的尊重。

“日本一家公司要求，每一个接线员面前放一面镜子，以保证在接听电话时，可以随时看到自己脸上的微笑。据说这样做的效果非常好。因为微笑让接线员的声音听起来特别的亲切，态度也特别的友善。”

刘晶晶是一家销售公司的接线员，平时喜欢看接打电话技巧方面的书，当她读到这段的时候，觉得很有道理，于是，就按照书上说的，自己在办公桌前放上一面镜子，每次打电话的时候，也能看到自己的微笑，于是，自己的业绩果然提高了不少。

在工作中，她认识到，及时接听电话也要掌握尺度，不要操之过急。一般情况下，应该在第一声的铃声结束后再接听，否则的话，拨打电话的一方可能反应不过来，甚至不知所措。很多人在拨打电话时，一边拨号码，一边脑海里整理着要说的话。在工作中，通过不断积累接听电话的技巧，刘晶晶的业务水平每天都有提高。

在接电话时，要注意平等地对待所有的来电，不分对象，一视同仁。有些“势利眼”，即使接电话，也极为庸俗地因人而异，他们在接电话时，一开始“拿架子”，“打官腔”。然后爱搭不理地说上几句：“谁呀?”“什么事?”然后事情能推就推，“事不关己，高高挂起”。不过要是领导的电话，就低声下气，细雨柔声，卑躬屈膝，有求必应。一副奴才嘴脸。

刘晶晶每次打电话时，在事先没有约定的情况下，总会礼貌地问一句：“现在说话方便吗?”这样一来，对方感觉自己受到了尊重，同时也会认为她是一个懂礼貌的姑娘。

电话已经成为人们非常便利的通信工具，尽管我们每个人每天都在打电话，但是并不是每个人都懂得正确的接打电话的方式。这就需要我们留意、学习。

1. 打电话的口才技巧

随着电子商务的发展，电话已不仅仅是通信的工具，更已成为市场营销、商务拓展的重要工具。如何在电话访谈中有效引导客户，获得你想要的信息，实现销售的小技巧?

首先，你必须明确此次电话访谈的目的，要知道你想通过此次电话访谈得到什么。在拨打电话之前，应该对达到预期目标的过程进行设计，可以准备一张问题列表，并对可能得到的答案有所准备。

可以给一个公司或组织的多个部门打电话，这不仅可以帮你找到正确的访谈对象，还可以帮助你了解该公司的组织运行模式（例如项目的决策过程、采购流程等）。如果你需要给许多类似企业打相同的电话，这些信息就会大有帮助。人力资源部、总裁办、采购部、投资部等都是可以进行首次接触的部门。

选择一家公司的较高行政部门（例如总裁办）开始进行电话访谈是一个较好的选择。因为公司总裁或总裁秘书通常会清楚地知道公司中哪个部门或谁负责这些工作。考虑到他们的工作很忙，开门见山地提出问题是一个好的选择，例如：“请问贵公司由谁负责……工作?”

如果你从一个较高职位（例如从总裁办）获得一个较低职位的联系信息，在开始访谈时，你应该说出较高职位人的姓名或职位，以提高访谈的可信度和重要性。例如："贵公司王总让我打电话给您，了解一下……"

在进行完你个人和公司的简短介绍后，应首先征询受访者的许可，然后再进入电话访谈的正式内容。

如果受访者此时很忙，尽可能与受访者约定下次访谈的时间。约定时应采用选择性的问题，例如："您看我们的下次访谈定在明天上午还是下午呢?""是下午两点还是下午三点呢?"

电话访谈进行中要注意倾听电话中的背景音，例如：有电话铃声、门铃，有人讲话等，此时应询问受访者是否需要离开处理，这表明你对受访者的尊重。

提高你提问和听话的能力。通过提问去引导你们的电话访谈，在听取受访人回答时正确理解其意图，包括话外音。

最后一点，也是最重要的：一定要有信心和恒心，坚持下去，你一定能够找到那个向你提供信息或者购买产品的人。

2. 接电话的口才技巧

不要以为接电话很简单，其实里面的学问很大。

（1）接听电话要求

接电话，有时就像看待人生，要有宁静、平和的心态。记住，等电话铃响过两声后再接。先把你的急躁瞬间平息，对方正在期待你拿起电话的最好状态。在接听电话时，要有"我代表单位形象"

的意识。说话声音清楚、亲切、优美。

通话时，听筒一头应放在耳朵上，话筒一头置于唇下约五厘米处，中途若需与他人交谈，就用另一手捂住话筒。必要时做好记录，通话要点要问清，然后向对方复述一遍。对方挂断之后，方为通话完毕。任何时候不得用力掷听筒。

在单位不得打私人电话，家有急事来电，应转到部门办公室，并从速结束通话。他人接听，只代为记录。

必须在24小时内回复所有的来电，不回复电话可能意味着你将失去一次交易的机会。

（2）接听电话时的言谈规定

声调要自然、清晰、柔和、亲切，不要装腔作势，声量不要过高，亦不要过低，以免对方听不清楚。不准讲粗言，使用蔑视和侮辱性的语言。不开玩笑，多用敬语，“请”、“谢谢”等不离口。任何时候不准讲“喂”。

避免不良习惯，如清嗓子，说口头禅，喜欢东拉西扯，等等。不允许以“喂、喂”或者“你找谁呀”作为“见面礼”。更不允许上来就毫不客气地调查对方的“户口”，一个劲儿地问：“你是谁?”“你找谁?”“你有什么事情吗?”……

第二节　练好面试口才，告别职场“滞销”

面试的口才，标志着应试者的成熟程度和综合素养。对应试者来说，掌握语言表达的技巧无疑是重要的。那么，面试中怎样恰当地运用谈话的技巧呢?

口齿清晰，语言流利，文雅大方。交谈时要注意发音准确，吐字清晰。还要注意控制说话的速度，以免磕磕绊绊，影响语言的流畅。为了增添语言的魅力，应注意修辞，忌用口头禅，更不能有不文明的语言。

语言要含蓄、机智、幽默。说话时除了表达清晰以外，适当的时候可以插进幽默的语言，使谈话增加轻松愉快的气氛，也会展示自己的优越气质和从容风度。尤其是当遇到难以回答的问题时，机智幽默地语言会显示自己的聪明智慧，有助于化险为夷，并给人以良好的印象。

注意听者的反应。求职面试不同于演讲，而是更接近于一般的交谈。交谈中，应随时注意听者的反应。比如，听者心不在焉，可能表示他对自己这段话没有兴趣，你得设法转移话题；侧耳倾听，可能说明由于自己音量过小使对方难于听清；皱眉、摆头，可能表示自己言语有不当之处。根据对方的这些反应，适时地调整自己的语言、语调、语气、音量、修辞，包括陈述内容。这样才能取得良好的面试效果。

语气平和，语调恰当，音量适中。面试时要注意语言、语调、语气的正确运用。打招呼时宜用上语调，加重语气并带拖音，以引起对方的注意。自我介绍时，最好多用平缓的陈述语气，不宜使用感叹语气或祈使句。声音过大令人厌烦，声音过小则难以听清。音量的大小要根据面试现场情况而定。两人面谈且距离较近时声音不宜过大，群体面试而且场地开阔时声音不宜过小，以每个面试考官都能听清你的讲话为原则。

面试回答问题是必不可少的环节，也是应届毕业生最发怵的环节，许多同学把考官提出的问题想得过于难，在做准备时重“难”轻“易”，把精力放在高难度的理论和技术知识上，而忽视了基础性的东西和一般的答题规律，甚至出现匪夷所思的低级错误，一般应掌握以下技巧：

把握重点，简洁明了，条理清楚，有理有据。一般情况下回答问题要结论在先，议论在后，先将自己的中心意思表达清晰，然后再做叙述和论证。否则，长篇大论，会让人不得要领。面试时间有限，面试者神经有些紧张，多余的话太多容易走题，反倒会将主题冲淡或漏掉。

讲清原委，避免抽象。面试考官提问总是想了解一些应试者的具体情况，切不可简单地仅以“是”和“否”作答。应针对所提问题的不同，有的需要解释原因，有的需要说明程度。不讲原委，过于抽象的回答，往往不会给考官留下具体的印象。

确认提问内容，切忌答非所问。面试中，如果对考官提出的问题，一时摸不到边际，以致不知从何答起或难以理解对方问题的含义时，可将问题复述一遍，并先谈自己对这一问题的理解，请教对方以确认内容。对不太明确的问题，一定要搞清楚，这样才会有的放矢，不致答非所问。

有个人见解，有个人特色。面试考官有时接待应试者若干名，相同的问题问若干遍，类似的回答也要听若干遍。因此，面试考官会有乏味、枯燥之感。只有具有独到的个人见解和个人特色的回答，才会引起对方的兴趣和注意。

知之为知之，不知为不知。面试遇到自己不知、不懂、不会的问题时，回避闪烁、默不作声、牵强附会、不懂装懂的做法均不足取，诚恳坦率地承认自己的不足之处，反倒会赢得考官的信任和好感。

1. 练好口才，做好自我介绍

如果你能利用好自我介绍，它就是你突出优势和特长、展现综合素质的好机会，从而给面试官留下一个很好的印象，这就走出了你获得这个工作机会的第一步。那么，什么样的自我介绍才能做到让面试官眼前一亮呢？

在自我介绍的过程中，要掌握几点基本原则。

（1）所突出的长处要与申请的职位有关

就像是在战场上，如果你是狙击手，让你跟一个原始人拼长矛，这肯定是不合适的。所以，你要把自己的特长和你所申请的职位联系起来，让这样的特长为你的职位带来有利条件。

（2）突出长处，但也不隐瞒短处

面试官了解了你长处的同时，当然也想知道你的短处，因为优点和缺点的平衡也是很大的一个考核标准。所以，不要隐瞒你的短处，因为每个人都会有短处，不要害怕，要说出你的理由。

（3）实事求是，不可夸张

进行自我介绍要实事求是，不要言过其实、夸夸其谈。应试者特别要注意自我介绍要与个人简历、报名材料上的有关内容相一致，不要有出入，更不要有意夸大或制造事实上并不存在的优点。

（4）态度自然，注意礼貌

自我介绍时，整体上讲求落落大方，彬彬有礼。表情要尽量放松，态度要自然、友善、亲切、随和，最好能略带微笑。可以面对镜子找出自己最具“亲和力”的笑容，学会用目光或表现表达友善。

（5）注意介绍事项的铺排次序

内容的次序也是极为重要的，是否能抓住听众的注意力，全在于事件的编排方式。所以排在头位的，应是你最想让面试官记得的事情。而这些事情，一般都是你的得意之作。与此同时，可呈上一些有关的作品以增加印象分。

（6）发音标准，吐字清晰

自我介绍时普通话应力求标准，不可讲错字或念错字音，最好不用方言。同时，声音要沉稳、自然、洪亮，语速要适中，吐字要清晰，声调要开朗响亮，这样才能给考官以愉悦的听觉享受。应使用灵活的口头语言，切忌以背诵朗读的口吻介绍自己。

（7）简洁明了，思路清晰

“每个人都要向孔雀学习，在 2 分钟内让整个世界记住自己的美。”自我介绍也是一样，要在最短的时间内，将自己最美好的一面毫无保留地表现出来，给对方留下深刻的印象。同时，自我介绍要符合逻辑，思路清晰。介绍时应层次分明、重点突出，把最有价值的信息传达给面试官，使自己的优势很自然地逐步显露，不要急于罗列自己的优点。重要的不是要告诉考官你是多么优秀的人，而是要告诉考官你是如何地适合这个工作岗位。

（8）自我介绍的结束

在你做完自我介绍后，考官既可能就其中某一点向你提出问题，也可能过渡一下，继续下面已经安排好的问题。这种情况下考官一般会说："我们十分欣赏你的能力……"或"你的自我介绍很精彩……"等，那么，一声"谢谢"将是你最得体的应答。

2. 好口才，远离职场"滞销"

面试并没有必胜之计。然而，如果你知道对方会问什么问题，胜算就比较大。尤其是面试中的经典问题。

无论你是刚刚走出大学校门的英姿飒爽、青春无限的大学生，还是历经考验的职场老手，一般我们去面试时，面试官都会常问几个问题：

第一个问题，你为什么来公司面试？

一位清华大学生物系的女生在面对主考官唐骏（微软全球技术中心总经理）时说："我和你同病相怜，被迫选了自己不喜欢的专业，但是不喜欢不代表我不去认真学习，只要还待在生物系，我就要对自己负责，认真对待每一天，我的成绩都是全优。毕业时，我没有去制药公司，而是把简历投给了微软。"

对一个自己不喜欢的专业，都能学得全优，说明了她是一个很有使命感的人。

第二个问题，请客观评价一下自己？

联合利华应聘现场，一位毕业生在回答"你在大学时最失败的一件事时"，这样说道："我感觉最失意的事是英语六级没有考好。

我失败的原因，是因为我是一个完美主义者，考试中，我想把各个部分都做好，但是从整体上没有把握好这次考试。”

此事虽小，但是以小见大，这是主考官所期望的。另外描述也有条理，语言表达很有分寸感，整个理念容易被人接受。

第三个问题，如果你的上司很刁蛮，你该怎么办？

在强生公司的面试现场，一位面试者回答这个问题时，说：“一般我们感觉比较刁蛮的上司没有真正坏心，他只是对工作认真要求而已，往往不会针对个人的不满。我觉得上司这么做是好事，因为我们在工作中，很少有人愿意冒着得罪人的危险为你指出工作中的不足。所以，这样的上司可以勉励自己努力工作，想想如果让这位上司满意了，工作就一定做的完美了。”

第四个问题，你为何辞职？

第五个问题，你的职业规划？

第六个问题，如何与对方谈你的薪资？

这类问题似乎是老生常谈，但是在面试中，有的人成功了，有的人失败了。失败的原因，不仅仅是你的专业技能掌握得不好，也有可能你问题回答得不恰当。

在第一个问题中，主考官的意图是想知道你对公司的了解情况，你对岗位是否感兴趣，你对这次面试的诚意。

在第二个问题中，主考官的意图是想你怎么认识自我，你是否对事情有深入思考的能力。

在第三个问题中，主考官的意图是想了解你与人共事的观念和方法，你的性格是否成熟。而不是向你声明你将大难临头，面对一个“刁蛮”上司的刁难。

在第四个问题中，主考官的意图是考察你的分析问题能力，捉摸你“跳槽”行为的合理性。

在第五个问题中，主考官的意图是考察你职业设计的能力，了解你的进取心和自信能力，可以看成你做事情是否有目标和原则。

对于第一个问题，应该这样问答：第一，清晰地描述出公司具体吸引你的地方，切忌笼统、抽象。第二，实事求是地说出你所能为公司做的贡献，切忌开空头支票。第三，诚恳表示你对岗位的喜欢和兴趣，切忌无热情。

对于第二个问题，应该这样回答：第一，既要实事求是，又要讲究语言表达的技巧。第二，讲自己好的一方面时，要暗示可以给公司带来的利益。第三，讲自己的缺点时，不要模棱两可，不要期望别人把你的缺点看成优点。因为缺点就是缺点，这样做只会引起面试官的反感。

对于第三个问题，应该这样回答：第一，切忌不着边际的空谈，可以举例说明一下。第二，要诚实，把自己真实的想法用恰当的语言表达出来。

对于第四个问题，应该这样回答：第一，必须审慎地自我分析。第二，切忌表达对原上司的不满。切忌只是为了增加工资，切忌说“我认识贵公司的某某，是他动员我来的”。第三，合理的切入口是专业对口、工作合适、企业文化认同等。

对于第五个问题，应该这样回答：第一，实现对公司的发展有较具体的了解。切忌答复与公司的目标不一致。第二，梳理自己的发展方向，明确是技术型的，还是管理型。第三，要根据能力定出可行性目标，切忌好高骛远。

对于第六个问题，应该这样回答：第一，除非主考官已经明确表明态度录用你，否则，不要讨论薪资。第二，切忌盲目提出希望得到的薪资数目，尽量从言谈中了解薪资是固定的，还是可以协商的。第三，了解一下行业的薪酬和待遇，如果你要价，可给出一个薪酬幅度。不要反问主考官打算给多少，这样很不礼貌，容易引起主考官的不悦。

第三节　职场沟通的口才艺术

在职场中，如何处理与领导的关系是很多职员头疼的大事。职员与老板的关系是纯粹的经济雇佣关系，没有像亲情、血缘关系那样富有感情。所以，处理与领导的关系，就不能像对待亲人那样随便。

与领导相处，要小心谨慎，尤其注意说话得体。

1. 与领导沟通的口才艺术

女下属与男领导进行相处，要尊重而不献媚；男下属对上司，如果只会点头哈腰、一个劲地忙着倒茶点烟的“拍马屁”举止，就会让真正有能力的领导小觑。

特别在与异性领导相处时，要注意自己的身体语言。不宜与对方靠得太近。女性下属见男性领导时，着装要端庄大方，在举止、笑容、眼神等方面不要给对方造成什么样的暗示或误解，比如声音发嗲、洒过浓烈的香水、眼神含情脉脉等，会让对方觉得你不能胜任工作，只会“媚术”，身体语言也不要轻佻放肆，这样容易给对方造成举止轻浮的印象。

在与领导谈话时，要注意察言观色。不要光顾着自己侃侃而谈，懂得留点时间给对方说。如果领导面露不悦或者默默不语，那就想一想是不是自己言辞过于激烈。如果领导看表，那就不妨咨询一下，改时间再谈。

谈话过程中，不要打断领导的话。即使需要插话，也不宜过多，要简明扼要。在谈话时，个人的礼貌修养也要表现出来，交谈过程中的一些细节能够反映出你的才干和修养，从而让领导更加认可你、欣赏你、重用你。

在企业里，老板掌握着“生杀予夺”的大权，一不留神说错了话，也许自己就会被“炒鱿鱼”。所以在和老板的相处中，懂得说话的艺术非常重要，如何把握和老板说话的分寸，有几个方法需要特别注意。

（1）不要替老板做决定，要引导老板说出你的决定

老板都喜欢善于汇报的员工。

举一个例子，佩佩年轻能干，入职才几年，就成为主力干将。几天前，新老板上任伊始，就把佩佩叫过来说：“佩佩，你经验丰富，能力又强，新项目就由你来做吧。”

于是佩佩挑起了重担，几年的职场经验告诉她，向老板汇报是绝对

不能少的。但是在向老板汇报时，她喜欢说："我决定如何如何……"老板听了很不舒服，好像下属骑到老板的头上去了。

佩佩不明白，自己犯了一个大忌，不应该替老板做决定，如果事事你都可以决定，那么留老板还有什么用？

正确的做法是，列出解决问题的几个方案，让老板来做决定，你告诉老板："这么重要的事情，我做不了主，还得靠您，您经验丰富，帮我做个决定才行。"这样老板都会很高兴的。

（2）不要和老板开黑色玩笑，尽管这只是一个玩笑

开玩笑确实可以拉近上下级之间的距离，但是如果玩笑有人身攻击的成分，就是黑色玩笑了。

青青是个喜欢开玩笑的姑娘，有一次，她看到老板一身簇新来上班了：灰西服、灰衬衫、灰裤子、灰领带。青青夸张地大叫一声："老板，穿新衣服了！"

老板很高兴，谁知青青接着来了一句："像只灰耗子！"老板顿时感觉很尴尬。

其实，黑色幽默体现着一个人的弱点，喜欢开黑色幽默的人是一个热衷于挑刺的人，这种人往往被视为"刻薄"，不讨人喜欢。如果这样开老板的玩笑，后果可能很严重。

（3）在与领导无话可说时，不妨谈谈对方的衣着变化

处理人际关系中一个重要的法则：赞美对方衣饰的变化，能够迅速拉近双方之间的距离。工作中，不妨多注意观察对方衣饰的变

化，并进行适度的赞美，你会收到意想不到的效果。

2. 与下属沟通的口才艺术

领导的口头语言是为了表达其思想、观点，领导者要开展领导活动，必须善于运用语言交流感情、传播信息和表达思想。这就要求领导者掌握口头语言表达的技巧和规律。

领导者要根据不同的场合、对象、目的，有针对性地选择话题和表达方式，达到预期效果。领导者为了营造和谐的人际关系，应该多用建议、劝告的语言，委婉表达，而不应常使用“应该”、“要”、“不要”等一类命令式的词。领导者的语言要有情感性，要真诚、质朴，切忌渲染、夸张。

泰山厂有一名行政领导干部王守东，每次看见来到城里的基层一线工人，总喜欢说：“你又来了。”工人听了这话，很有意见，多次反映给厂长。工人们认为，好像工人们经常跑到县城来很不受欢迎似的。

其实，厂长明白这位领导并不是这个意思，而是他说话不注意表达的艺术。后来，厂长找了个机会跟这位领导交谈，建议他见到工人来时，把“你又来了”改为“你来了”，随后问一句“有没有吃饭”等，并建议他去买一本关于领导公关口才的书，学习一下里面的技巧。

这位领导欣然接受了厂长的建议，不仅买了书，还认真学习口才，并在实践中运用。结果，再也没有人抱怨了，他的工作也越做越出色。

到了1995年，厂里分过来一个刚刚毕业的大学生黄河，嫌厂里的工资低，进厂不久后，就偷偷地跑到了南方打工去了。过了一段时间，他回到厂里打算把档案取走，正好碰上行政领导干部王守东。黄河以为对方要批评他好几个月没有上班的事，但是出乎他的意料之外，王守东说："从国家大局讲，人才流动是大趋势，你走是对的。你们的收入低，我以前没有怎么关心你们，是我的失职。但是你在厂里待过一段时间，应该也了解一些……"

接着，王守东把他个人的经历、企业的坎坷说了一遍，黄河听得热血沸腾，此后，王守东问了黄河一个哲学问题："你说什么人最伟大，什么人最渺小？"黄河说："默默奉献的人最伟大，贪图势力的人最渺小。"王守东接着说："你说的话在理，不过我觉得能够坚持的人伟大，中途退缩的人渺小。你年纪轻、精力旺盛，正处在人生的黄金时期，就像我们公司一样，尽管现在挣的钱不是很多，但是前途不可限量。"黄河大受启发，最后，竟然答应要为厂里的发展贡献自己全部的青春和热情。

此外，领导与部下谈话，能够起到四种功能。首先是监督功能，能够获取管理工作的进度，监督各部门执行的情况。其次是参与功能，在研究执行过程中出现问题后，寻找解决的办法。再次是指示功能，从中传递上级对下级的指示。最后是知人功能，通过接触员工，了解他们的工作情况和内心的想法。

那么一个领导应该怎么和部下谈话呢？

要善于激发部下讲话的欲望。谈话是领导和部下的双边活动，若部下不愿意讲，谈话将陷入僵局。谈话交流是为了反映真实的情况，为此领导要克制专制、蛮横的态度，坦率、诚恳地消除对方的顾虑，让部下讲出真话。谈话过程要突出重点，解决实际问题。

在听取部下讲述时，领导不要发表评论性的意见，即使需要评论，也要在谈话的末尾，措辞一定要谨慎，以易于部下接受。谈话分正式场合和非正式场合，要善于利用一切机会。谈话是一门艺术，需要反复实践，才能达到高超的艺术境地。

如果两位雇员发生冲突，你不得不处理这样微妙的局面，在冲突没有升级之前，你应该怎样消除这样的矛盾于无形？

你必须意识到，冲突不会自行消失，如果你处理不当，矛盾就会升级。作为领导，你有责任恢复你部门的和谐气氛。有时候，你必须穿上裁判服，拿起哨子，担当起现场的裁判。

处理冲突时，有几点你必须牢记于心：

首先，你的目标是寻找解决方案，而不是指责某一个人。即使指责是正确的，也会让对方起戒心，结果反而不能使他们妥协。

其次，不要拿解雇来威胁人。如果你威胁了，就要付诸行动，否则，你就失去了信用，部下再也不会认真听你的话。

再次，要区别事实和假设。发现冲突的根源，才能找到解决的根本途径。

最后，坚持客观的态度，不要听信一方的片面之词。要认真听取双方的意见，最好的办法是让冲突的双方来自己解决问题。